手書き文字は
潜在意識を映す鏡です

グラフォロジーで心の謎を解く

日本グラフォロジーコーチング協会® 会長
飯田 玲菊（由美） 著

Graphology

はじめに

心の謎を解き 豊かで幸せな人生へ導くグラフォロジー

人は違った顔をして、指紋もみな違います。それと同じように手書きの文字にも顔があり、同じ文字はありません。なぜなら文字はあなたの脳が書かせているからです。文字は呼吸で書きますから、同じ人でも日々文字は変化しています。

年を取って、筋肉が弱くなり、呼吸も乱れていけば、若い時の文字とも違います。

ちょっとサンプルの文字を見てください。

文字が大きく、文字間隔が詰まっていますね。これはあるお母さんの文字です。中学生のお嬢さんが、このところパニック症候群になってよく学校から呼び出しが来ることを気にしていました。それで、お母さんに、「けっこう小言が多いですか？ 学校に行く時まで、いろいろ言ってますか?」と聞くと、「えっ、なぜわかっちゃうのですか?」と、驚かれました。

このお母さんは文字が大きいので表現力があるのですが、裏を返せば言い過ぎる傾向にあります。そして、文字間隔が詰まっているので、相手の話が聴けない傾向にあります。

そこで、お子さんへの小言は十分の一にして、学校に行く時は、「いってらっしゃい。気をつけてね」と、言うように伝えました。そして、何か言いたくなったら、ペンを加えて喋れないようにすることを伝えました。そうしたらなんと、そのお嬢さんのパニックは、その後起こらなくなりました。

手書きの文字は書き手の今一瞬の心模様です。だから瞬時に書き手の心の課題を理解して、どこを改善したらいいかすぐに伝えられるのです。

これからお伝えするグラフォロジーコーチングは筆跡鑑定でも、筆跡診断でもありません。脳科学に裏付けられたグラフォロジーの法則と心のメカニズムを使って、あっという間に、相手の現状を把握し解決に導きます。

どうせ自分の性格はこうだからと思い込んでいるあなた、あなたの性格が周囲の環境（親や祖父母、先生など）によって作られてきたものだとしたら、どう思いますか？ あなたの性格やトラウマ（マインドブロック）が自分以外の大人によって作られることは、あながち嘘ではありません。

グラフォロジーコーチングは、あなたのトラウマを解消し、とても短い期間で長年悩んできた心の謎を解き、人生を豊かに幸せに導くことのできるとても有効なコーチングの手法の一つなのです。

本書では、１７００人を超えるグラフォロジーコーチングの経験を踏まえて、できるだけ分かりやすくグラフォロジーを解説してみました。生き方に迷っている方、大きな問題を抱えて悩んでいる方、より良い人生を目指している方、そんな皆様の人生の一助となれたら、とても嬉しいです。

日本グラフォロジーコーチング協会Ⓡ会長
飯田 玲菊
（由美）

第2章　グラフォロジーで探るトラウマの真実

第3章 手書き文字を読み解く12の法則

Graphology

第4章 手書き文字を書き換えて運を開く

第1章 グラフォロジーで仕事や日常を変える

単なる筆跡診断や鑑定ではないグラフォロジー（Graphology）

文字から書き手の傾向性や性格、潜在意識を理解する学問を筆跡心理学（グラフォロジー）と言います。Graphologyという言葉は、ギリシャ語のGraph（書く）とLogos（法則）という言語を組み合わせて作った言語です。

日本ではまだあまり一般的ではありませんが、欧米では歴史が深く、筆跡と性格の関係性についてはすでにローマ時代に研究されていた記録があるそうです。

グラフォロジーの本場フランスでは１２０年以上前から研究されていて認知度が高く、フランス・グラフォロジー協会はヨーロッパのグラフォロジーの総本山として位置づけられています。そして、資格としての「グラフォロジスト第１種」はフランス・グラフォロジー協会が認定し、上級の「グラフォロジスト第２種」は国が認定する国家資格になっています。グラフォロジストは法廷で弁護士と共に活躍するほど、社会的な認知度が高いのです。

日本では「筆跡診断」「筆跡鑑定」として実用化され、手書き文字の研究がなされています。例えば、遺言状の書き手の真偽とか脅迫状が犯人のものか特定するために使われています。

しかし、継承したグラフォロジーは、筆跡診断や鑑定を目的とするものではありません。手書きの文字を見ることをきっかけに、瞬時に書き手の心の課題を見つけ、様々な手法を使って解除して、書き手に相応しい未来の記憶を創る助力をするものです。

既存の筆跡診断・鑑定とグラフォロジーの大きな相違点と特徴

既存の筆跡診断・鑑定とグラフォロジーの大きな相違点は「文字の大きさ」「文字の傾き」「ベースラインの傾き」に対する捉え方の違いです。この「文字の大きさ」「文字の傾き」「ベースラインの傾き」における医学的検証は、日本人医師・大村恵昭先生が考案したバイ・デジタルO―リングテスト※を用いて行いました。

また、もう一つ大事な前提があります。それは無意識に書いた文字をみるということです。

①「文字の大きさ」について

大きな文字が必ずしもいいわけではありません。次の絵のような左右の二つの状態の雲が目の前に見えていると想像してみてください。白い雲の向こうには大空が広がっています。どちらが青い空を感じますか?
青い空は空間と表現できます。白い雲を手書きの文字にしてみれば、大き過ぎる文字は空間からの情報が少なくなることがわかります。つまり周りの情報や人の気持ちが見えなくなってしまいがちになります。
アーティストが自己表現のために作品を目一杯大きく描くならいいですが、人間関係ではかなり自己中心になってしまいがちになるので要注意です。

日本の仮名書道では白い空間の中に文字を書きます。白い空間は余白といい、余白の美を大事にします。日本人の阿吽《あうん》の呼吸も人と人との間を大切にしているからできることなのでしょう。

②「文字の傾き」について

「文字の傾き」をグラフォロジーではスラントと言います。スラントは数学の座標軸で捉えます。わたしは脳科学で、屈筋や伸筋、自律神経、呼吸の関係も学びました。文字の法則を継承した時から、その法則性が有効か検証を始めたのです。

手・腕を伸ばすときに使う筋肉を伸筋、手・腕を曲げるときに使う筋肉を屈筋と言います。無意識で左に傾く文字は伸筋群を使い、無意識で右に傾く文字を書くときは屈筋群を使います。いつもストレスに晒される人は、自律神経のバランスが崩れ、交感神経が優位な状態になり、手・指・腕も伸筋群が使われ、文字の中心軸が左に傾く傾向にあります。当然過去には嫌な記憶も多いでしょうから、左に傾く文字は古いトラウマを引きずっていると言えそうです。一方、適度の緊張、深いくつろぎと癒し状態では、副交感神経が優位になり、屈筋群が使われるので文字の中心軸は右に傾きます。

わたしがこう言えるのは、ある確かさの実感があるからです。長年、筆やペンを駆使してきたので、線にバラエティーを出すために意識して様々な筋肉を使ってきました。驚いたことに呼吸を深くゆったりとさせて、屈筋を使い力まないで右に傾く文字を書いた時と、神門を刺激して力を入れないでスプーン曲げができた時の感覚が同じだったのです。さらに循環呼吸だけで力まないで、厚さ1センチの板を割った時の感覚も同じでした。それは目の奥・鼻の奥の副鼻腔あたりがフワーとして、鼻の奥がツーンとする特別な感覚なのです。この感覚になった時、スプーン曲げや板割りが力を入れずにできました。スラントが右に傾く文字を見てバイ・デジタルO－リングテストをしてもOリングは開きません。おそらくこの感覚になった時、潜在能力が引き出されるのに違いありません。

無意識に書いた文字の中心軸が右に傾けばいいと言っても、その傾きは右に7度ぐらいまでで、それ以上の傾きは字形のバランスを崩しますから要注意です。

③「ベースラインの方向性」について

また、グラフォロジーでは「ベースラインの方向性」を重視します。横書きの一つ一つの文字の底を繋いだ線をベースラインと言います。日本の筆跡診断の文字は主に葉書に縦書きで書きます。この場合は宛名の書き出しが左になるようにして、文字を横書きとしてみます。

ベースラインが下がる文字は伸筋を使い肱が下がります。バイ・デジタルO―リングテストをして判定すると指のOリングが開きます。脳のスイッチが入らないということです。

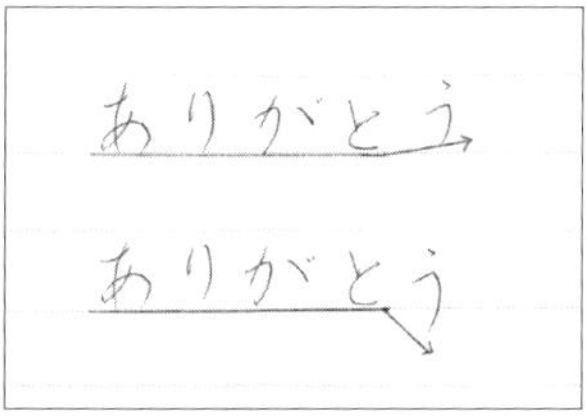

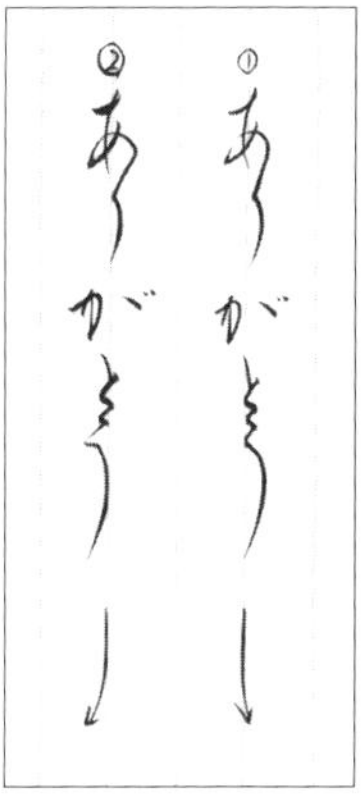

わたしは仮名書道で縦のライン、つまり流れに関して深く学んできました。仮名書道では右下に流れを作って書きます。「高野切第三」などの国宝の古筆の仮名は、みな右下への流れで書かれています。一つ一つバイ・デジタルO―リングテストをして判定すると指が閉まりました。逆に左に流れる文字で判定すると指が開き

ました。

これらの基準に基づき1700以上の方のトラウマ解除をしてきて、効果が出ているということは、ベースラインの方向は縦書きに見た時は右下に流れる時、横書きで見た時は最後で右上に上がるのが、潜在能力を引き出す書き方であることは間違いないと確信します（手書き文字を参照）。

※バイ・デジタルO—リングテスト（BDORT）とは、筋の緊張（トーヌス）を利用して生体情報を感知する検査手技。ニューヨーク在住の日本人医師・大村恵昭博士が1977年頃に考案した方法。1993年2月にアメリカ特許庁で知的所有権（No 5188107）が認められる。

Leadingの媒体としてのグラフォロジー

日本語で言うリーディングには、「占い」を表すReadingと「導く」を表すLeadingがあります。

自己を成長させるためには、「自分らしさ」から「相応しさ」への転換が必要になります。人間の心理状態を客観的に見つめ、批判ではなく理解という視点から見た状態をリーディング（Leading）と言います。つまり、リーディング（Leading）とは相手の話をよく聞いて、人生の階段を一歩でも先の方に導いていく技術のことです。

本書で紹介するグラフォロジーコーチングの基礎となっているグラフォロジーは、このLeadingにおけるミディアム（媒体）であり、道具立ての一つなのです。

それゆえ、脳科学の師である藏本天外先生は２８０項目以上ある分析項目を12項目（手書き文字12の法則）に集約しました。グラフォロジーが診断や分析を目的とするものではなく、その人をわかってあげて、もともと持っている力を本来の方向へ誘導していくためのものだからです。グラフォロジーでは、決めつけや断定は一切しません。

参考までにReadingには次のようなものがあります。

○Cold Reading（コールド・リーディング）

詐欺師・宗教家・占い師・霊能者・手品師などが、相手に自分の言うことを信じさせる時に用いる話術。コールドリーダーは相手の外観に対する注意深い観察と、コールド・リーディング特有の話術によって、相手の情報を引き出していく。

○Hot Reading（ホット・リーディング）

占いの待合室で助手が世間話をしたりして事前に相手のことを調べておいた上で、あたかも本当に占いや霊感、超能力などで相手の心を読んだと見せかけ、ちょっとずつ間違えながら当てていく。

——引用ウィキペディアより

同じリーディングという呼び名でも、Leading と Reading が大きく違うことがお分かりかと思います。

人間の行動は顕在意識が指示を出し、潜在意識が実行する

無意識という広大な領域の中に潜在意識の領域があります。ここでは顕在意識

と潜在意識という表現を使っていきます。

自転車で駅に行くことで例えてみましょう。意識が駅まで自転車に乗って行こうと決めます。そして自転車に乗ると、わたし達は無意識に手足を動かし、バランスをとりながら駅まで自転車を漕いで行きます。

人は一度自転車に乗れるようになったら、自転車を漕ぐのに、意識がいちいち手足に指示を出しません。まるで自動ロボットのよう手足が動きます。

顕在意識が指示を出し、潜在意識が実行するという関係になっているのです。つまり、潜在意識が行動を起こす動力源なのです。文字を見る・書くということも同じことが言えます。

人は文字を印象で見ています。年賀状をパッと観ただけで、誰から来たか皆さんはわかりますね。脳は見慣れた文字を記憶しているのです。

例えば、大勢の方に木村という文字を書いていただき、カルタのように並べても、皆さんはご自分の書いた文字（視覚情報）を取ることができます。それは意識ではなく潜在意識が見つけ出してくれるからです。

視覚情報といえば、高速道路で見かけるフォークやナイフのマーク。見るだけで「レストランだ」と認識します。お腹が空いていれば、「行こう」という行動になります。

このように人は、文字だけでなく、記号や符号からも様々な情報を連想し行動を起こします。ここにも顕在意識と潜在意識の関係性が働いています。

文字の書き換えをすることで脳のデータが書き換えられる

人が文字を印象で見ていることを脳科学的にもう少し詳しく分析してみましょう。目からの文字情報は中脳で01信号に変換されて、間脳の大脳基底核内灰白質に保存されます。また間脳の指示により前頭前野が働き、保存されたデータに基づき指令が出て筋肉を動かし、手で文字を表現します。人は潜在意識に保存された視覚情報やDNAの強度分布に基づき、文字を書いたり判断します。

この働きが、文字の書き換えをすることで、「脳のデータが書き換えられる」という論拠になります。

事故で手を使えなくなった方が、練習をして口や足で文字を書くようになりました。なんと書いた文字は手で書いた時と同じ文字を書かれたのです。手書きの文字は脳が書かせていることの実証例です。

グラフォロジーは、藏本天外先生の意識と無意識の長年の研究により、無意識の中にあるどんな情報がその人の文字を形作り、またどんな文字がどう意識に影響を与え、無意識の行動になるかを体系化したものです。

寛大でおおらかな気持ちになる文字があり、慎重で丁寧になる文字があります。やはり手書きの文字は心の見取り図といえます。筆跡の法則(グラフォロジー)で、潜在意識に影響を与える文字の法則性を学び、手書きの文字を書き換えることにより、あなたに相応しい人生を創っていきましょう。

グラフォロジーを身につけて仕事や日常を変えていく

このグラフォロジーを身につけたら、実際の生活の中でどのように活かされるでしょうか。あなたが日常的に生徒の手書きの文字を見ている学校の先生だったとします。いち早く生徒の手書きの文字から、その生徒の心の状態・変化が手に取るように理解できます。そして一人ひとりの生徒に合わせた的確な指導・支援ができるようになるはずです。

あなたが企業の新入社員の採用担当の面接官だったとします。手書きの履歴書から、その人の傾向性を瞬時に理解し、その人の本音を理解することができます。そして採用した後も適切な人事ができます。その逆で、あなたが企業にエントリーする側でしたら、面接官があなたの文字を見たときに、潜在意識にどのように印象づけるかということをマスターすることによって、志望する会社に入社する確率が上がることでしょう。人は嘘をつきますが、潜在意識は嘘をつくことができません。手書きの文字はその人の脳相＝心の有様そのものだからです。

メール社会になって、手書きで文字を書く機会が少なくなっている現代だからこそ、このグラフォロジーの技術を身につければ、あなたの有用性が高まることは間違いありません。お見舞いのカードを丁寧に優しく希望あふれる文字で書けば、相手は何か元気になる気がします。子どもやご主人、恋人に、愛らしい命あふれる文字でメモを書けば、相手の潜在意識にメッセージがストーンと入るに違いありません。

悩めるあなたにとっても、自分の書いた文字の傾向性をみて、自分自身の本音を理解し、文字の書き方を変えたり、エネルギーワークや呼吸法で意識を変えることができます。手書きの文字はまさに「心のサプリ」なのです。

このグラフォロジーの技術は人事担当者、営業、カウンセラー、教師、保育園・幼稚園の園長、稽古事の指導者など、人を相手にする職業の方の必携アイテムです。このグラフォロジーの技術をたくさんの皆さんが身につけることができたら、皆さんの日常が変わり、世の中もきっとよりよく変化することでしょう。

コラム　グラフォロジーの継承のキッカケ――ある少年との出会い

今から34年前のことです。主宰する天心書道院に通い出した小学校一年生の男の子の書く文字に愕然としたことがありました。なんと表現したらいいか、書く文字が渋滞していたのです。一本の線を書くのに、ものすごい時間がかかり、形は整っているのにもかかわらず一本一本の線が細かくうねってスムーズに書けていないのです。その時、私は、その男の子の心が止まっているのを感じました。

びっくりするぐらい頭はいい子でしたが、自分の気持ちを表すのが苦手でした。でも教室の雰囲気に慣れるに従って、少しずつ心が解放されていく文字を書くようになっていきました。「このままいったらきっと大丈夫！」と思っていた矢先、彼は転校し、教室を辞めました。それからしばらくして、彼が不登校になったことを聞きました。彼は小中高の時、全く普通の学校には行かず、フリースクールに通い、祖母から囲碁将棋を習い、大検を取り、今は親の支えを受けながら囲碁将棋を教えています。

この出来事がずーっと心に引っかかっていました。あの小学一年生の時にもっと彼に深く関わっていたら、不登校になることもなく親から自立した人生を歩むことができたかもしれないと、とても残念に思い続けていたのです。それで２０１４年、脳科学の師匠の藏本天外先生から、「グラフォロジーを全て渡す」と言われた時「これで誰かの役に立てる！」と素直に受け取り、継承したのです。

魔法の言葉❶

魔法の言葉❶
――あらゆるものは固定されない

かつてわたしはとても真面目で固定観念ガチガチの人間でした。全く柔軟性がなかったのです。自説にこだわり、いつもあちらこちらで、ぶつかっていました。一番ひどかったのが学生時代・ＯＬ時代でした。１＋１が２でないこともあることがわからなかったのです。

学んでみれば、宇宙も変化し続けています。太陽も自転しながら惑星を連れて螺旋状に宇宙の中を動き続け、地球もマッハのスピードで自転公転をしています。わたし達人間は本当は「星の王子さま」の挿絵のような状態なのに、地球から振り落とされないでいます。わたし達の体もまた新陳代謝をして変化し続けています。

自分の思い込みだけが固定されて変わらないでいるだけなのです。「あらゆるものは固定されない」、この言語を繰り返し発話し続け、随分トラブルが少なくなりました。相手の意見、考えをまずは素直に聞けるようになったからです。

魔法の言葉は「量子言語」と言って脳の神経回路を換える言葉です。

第2章 グラフォロジーで探る トラウマの真実

トラウマは無意識の中に押し込めたマイナスの感情エネルギー

世の中には、トラウマという言葉だけでなく、マインドブロック、リミッティングビリーフ（制限をつくりだす思い込み）、固定観念、世界観、自己ルールなどの言葉が使われています。

簡単に言えば、これらの言葉は強度の差こそありますが、同じことを表現しています。これらはすべて、無意識の中に押し込めたマイナスの感情エネルギーなのです。人間の脳は電気信号で動いています。電力があるところには磁力があるので、人間は電磁気エネルギー体です。

ではエネルギーとは何でしょう。言うまでもなくエネルギーとは物質を作り出したり、物事を動かす力のことです。エネルギーは一秒間の変化の量で表され、ドイツの物理学者ハインリヒ・ヘルツが発見したのでHz（ヘルツ）と表されます。

エネルギーには縦波と横波の二つがあります。縦波は機能波と言われ、サイクロトロン共鳴振動をしています。これが生命です。横波は場の力で、シンクロトロン振動をしています。これが物質です。お茶碗を落としたら粉々になりますね。物質波であるシンクロトロン振動の場合は破壊されたら、元に戻りません。

それに対して、サイクロトロン共鳴振動をしている生命は、障害物が入ってきて傷ついていても次の回転が傷を消してくれるので元に修復されます。これが新陳代謝の働きです。

実は感情もエネルギーなのです。だから動かすことができます。命はサイクロトロン共鳴振動をしています。だから、トラウマのように無意識の中にマイナスの感情エネルギーがあると、この命が前に進もうとしているエネルギーにブレーキをかけている状態になってしまいます。エネルギーの無駄遣いをしてしまうのです。そして、生き辛さを感じたり、病気になったり、生きるのが嫌になったりします。

だからトラウマを解除して、前向きに生きるエネルギーを全開にすることが、とても大切なのです。

13歳までのクリティカルエイジに形成されるトラウマ

トラウマ（マインドブロック）ができるのは13歳までのクリティカルエイジという年代です。クリティカルエイジは脳の学習限界年齢と言われ、母国語ができる年齢です。自己を確立させる時期であり、この三次元の世界で人間として生きることを決める時期でもあります。この年齢の時は、無意識の領域の中に広がる潜在意識の扉が開かれていて、全知全能の領域と繋がっているのです。13歳までのクリティカルエイジは、可能性に満ちた時代と言えます。

このクリティカルエイジにどのような育てられ方をしたかで、子供の人生は大きく変わります。同じ状況でもトラウマのできない人もいます。それはＤＮＡの強度分布という脳のそれぞれの部位の反応が人によって大きく違うからです。

この時代に親・祖父母・伯（叔）父・伯（叔）母・保育園や幼稚園や学校の先生などの身近な大人に言われたこと、やられたことは良くも悪いも、素直に丸ごと受け入れてしまう傾向にあります。

特に、言葉・映像・感情が揃った、より興奮の伴った「情動記憶」は良くも悪くも脳が真実と判断するので、潜在意識の中に刷り込まれていきます。

例えば、親がひどく感情的になって、ものすごい形相で「お前はいつだってダメなんだ。どうしていつもこうなんだ。隣の○○ちゃんを見てごらん。本当にお前を見ているとイライラする！」と何度も繰り返し言い続けると、言われた子供は「どうせ自分はダメなんだ」と素直に思い込みます。

そして、ビクビクして親に本当の気持ちを言えない子供は、怖くて、悲しく、寂しい感情を無意識の中にグーッと押し込めてしまいます。こうして無意識の中で、マイナスの感情エネルギーが蛇のようにトグロを巻くようになるのです。そして生命が体を整え、人生を前に進めようとするエネルギーにブレーキをかけていくのです。このような状態になると子供は、自己肯定感や自己重要感を持てなくなります。

このマイナスの感情エネルギーは潜在意識の中に蓄積されて、出番を待ち続けます。こうやって脳のRAS（ラス）システムができ上がっていくのです。パソコンでいうOSができてしまうのですね。それでどんな褒め言葉を言われても、「自分はどうせダメなんだ」という思い込みが、他の情報を遮断してしまうのです。こうやって性格と言われるものができ上がっていくのです。

潜在意識に溜め込んだトラウマによって起こるトラブル

例えば、親にダメ出しをいっぱい言われてトラウマ（マインドブロック）を作ってしまった場合、潜在意識の中に溜め込んだマイナスの感情エネルギーは、ワード・ピクチャー・エモーションという同じような条件が揃った時に反応し、意識を越えて表に出てきます。

感情は行動の動力源です。この潜在意識の中の感情が動き出して、表に出てしまったら、もはや意識で止めることはできません。突然喚き出したり、突然人を刺したりすることが起こるのも、潜在意識の中に溜め込んだマイナスの感情エネルギーの仕業なのです。

以前、とても不幸な出来事ですが、優等生の女子高学生が同居している祖母と母を殺傷した事件がありました。おそらく痛め続けられた女子高校生の潜在意識の中の怒りが、限界に達したのでしょう。そして、意識で止めることのできない巨大化したマイナスの感情エネルギーが殺傷という行動を起こさせたに違いありません。

わたしのクライアントさんの中にも、躾に厳しい口喧しい祖母に、母親も自分も心が痛めつけられて、自己肯定感・自己重要感を持てずにいた方が何人かいます。実はわたしの主人も、その一人です。

家という観念が支配していた明治・大正・昭和の時代は、自分の正しさを振りかざす姑に苦しんだ嫁や孫も多かったのです。世の中に、正しさなんかないのに自分の正しさを押し付けて、相手を振り回すことって本当に罪なものですね。

無意識の中に押し込めたマイナスの感情エネルギー（＝トラウマ）は、脳エネルギーの無駄遣いをしますから、生きづらさを感じたり、人間関係・男女関係・

親子関係・病気・怪我・事故・お金・失業・破産など、あらゆるトラブルを起こします。人によってトラブルの出方や時期は様々ですが、厄介なことに、人生の最も大切な時期や自分自身の最も弱い部分を突くように出てくるのです。

マイナスの感情エネルギー＝トラウマに気づく（心理診断プログラム――心に受けた50の抑圧度診断）

トラウマ（マインドブロック）があると、人との関係が上手くいかなくて、胸腺のあたりがモヤモヤしてくる時があります。これが潜在意識の中のトラウマからのお知らせです。そして様々な感情が湧き出たり、体が硬直したり、冷や汗が出たりします。

その時、目の前の嫌な出来事は全部、自分の心（内部環境）が映し出されていることに気づくことが大切です。また、「他人は合わせ鏡」というのは、他人は自分の内面を映す鏡ということです。人は肉体を通してしか、トラウマに気づき解除することはできません。トラウマを解除して、自分をレベルアップさせるのは肉体のある時、つまり生きている時にしかできないのです。昔から無限地獄という言葉や絵巻物があります。現世の苦しみから逃れようと自ら命を絶っても、救われないということを教えているのです。

また、同じトラブルがくり返し起こり、しかもだんだん大きくなることもトラウマに起因しています。わたしの場合は繰り返し入院手術をして、最後が心臓手術でした。その時、運命鑑定家に「生き方を変えないと死ぬ」とまで言われました。

そのトラウマを「手書きで書かれた名前（文字）」から見つけることができるのです。呼吸が浅く、交換神経が優位な時は概して伸筋（腕の表の筋肉）を使っています。伸筋を使うと文字の中心筋は左に傾く傾向にあります。過去には思い出したくない記憶も多いでしょう。文字の状態にもよりますが、トラウマを見つけ出すことができます。

トラウマはやり方さえ学べば自分でも解除できます。根深いトラウマは、継続的な個人セッションを受けないと解除は難しいです。傾聴や心を掘り下げていっても、例えば煙突の煤や詰りを見つけるだけで終わってしまい、マイナスの感情エネルギーはそのままなのでトラウマの解除はできません。

もし、日本の今のカウンセリングの手法が適切でしたら、心の病やうつ病が増え続けることはないでしょう。なによりもマイナスの感情エネルギーの処理が必要なのです。

章末（52〜54ページ）に掲載した「心理診断プログラム―心に受けた50の心の受けた抑圧度診断」では、どのくらいのトラウマがあるかを数値化してセルフチェックすることができます。是非、あなたの心の抑圧度を50のチェックリストでご確認ください。

幼少期につくられたわたしのトラウマ

ここで、わたし自身の幼少期に作られたトラウマ（マインドブロック）についてお話しさせてください。

食事中によく主人から言われることがあります。「大きい、小さいが本当によくわかるね。美味しいものを分けるのも上手い。小さい頃、けっこうお姉さん達から抑圧されたんじゃないの…」と。「そうね、小さい頃は食べることが生活の中心だったから、小さいわたしは必死だったわね」と、わたしは笑って応えています。

そうなんです。幼少期のわたしは、お姉ちゃん達のことを「ずるい」と思っていました。7つと9つ離れているのでわたしが3つの時は上の姉は6年生。寝る時間も違います。襖を隔てた隣の部屋では、何やら皆で美味しいものを食べている音がすることもしばしばでした。

わたしが寝かせられている部屋は電気が消され、真っ暗闇で誰も側にいません。母に寝るときに本を読んでもらったり、添い寝をしてもらった記憶はまったくありませんでした。覚えているのは、漏れてくる隣の部屋の灯りと食器がガチャガチャする音。そして、寝る部屋の天井の木の模様。その天井の木の模様がお化けに見えるのです。一人寝かされている時の怖さと、寂しさ、惨めさを今でも覚えています。

母は眠れないわたしにいつも苛立っていました。添い寝をして安心させればいいだけなのに、母もまた子育てがすこぶる下手だったのです。翌朝起きてわたしがまずしたことは、台所のゴミ箱をみて、姉達が昨夜何を食べたかを調べることでした。バナナの皮を見つけた時は、泣いて怒りました。「ずるい、なぜ自分だけ食べさせてくれないの」と、自分の気持ちを言葉で表現できなかったからです。毎日がこんな日常でした。だから母は苛立って、いつも怒っていました。

小さい頃の写真を見ると、とてもひねたわたしが写っています。全く無邪気さがなくて可愛くないのです。心がいっぱい抑圧されていたのですね。母はいつもイライラして、次姉は、まるで母親のように口やかましくあれこれわたしに指図していました。実家の廊下を曲がったところの壁に、「ママの怒りんぼ、○○○のばか」という落書きが残っていましたっけ。

そんな幼少期のわたしのオアシスは、隣に住む祖母でした。毎日、祖母のところに行って遊んでいました。祖母の手伝いの真似事をしたり、祖母が書道の練習をしているときに筆遊びをしたり、時にはお昼を一緒にいただいたりしました。

大好きな祖母が「猫も杓子も音楽をすればいいというものではない。この子は文字を書くのがこんなに好きなのだから書道をさせればいい」——この宝物のような言葉がわたしが書の道に入ったきっかけになりました。

父の一族はとても仲が良くいつも子連れで行き来していました。わたしは三姉妹でしたが従兄弟姉妹が21人もいます。今の時代で考えれば、その親しさは兄弟姉妹が21人いるようなものでした。一番上の従兄は一回り以上離れています。わたしは14番目。楽しいことも多かったのですが、叔父叔母が学歴や家柄に拘ったり、人を比較するのがとても嫌でした。叔父がピアノを弾いているわたしの耳元で、「うちの子の方がピアノが上手い」と囁いた時の不快さは今でも覚えています。

祖母が亡くなってから、わたしは行き場がなくなり、知り合いの家に行くようになりました。そこでゾッとする体験をしたのです。お兄ちゃんに悪戯をされたのです。それもしつこく何度も。そのことがわたしの大きな心のブロックになったことは否めません。

小学校に行くと、わたしは男勝りに振る舞い、勝ち気な女の子を演じました。

中高時代の女子校では可愛い女子ではなく男役。例えば演劇の主役ではなく、舞台装置を作る側。頼りがいのあるきつい女子でした。自分が女性であることを無意識に隠そうとしていたのでしょう。

会話のキャッチボールができないので恋愛下手で、相手が積極的になると逃げるタイプでした。なぜか気持ち悪いタイプに好かれたり、好きな人とはうまくいかず、白馬に乗った王子様は現れず、なんだかめちゃくちゃでした。これもそれも、小さい頃に悪戯をされたことのトラウマが引き寄せたことに気づきませんでした。

心の底にある恐怖心や嫌悪感をお掃除して、ようやく60歳過ぎに自然体の女性になったのです。時すでに遅しですが、おかげで今では主人との生活を楽しんでいます。

ネガティブな出来事は天からのギフト

何故、わたしがトラウマ（マインドブロック）解除を大事にしているか。それは、かれこれ40年以上前になりますが、花のような娘時代に破談という切ない経験をしたからです。

当時のわたしは可能性に満ちた20代なのに悲観論者でした。心の奥底に誰にも言ったことのない悲しみ、寂しさ、罪悪感を押し込めていたからです。ミッションスクール育ちなので、今思えば罪の意識というものが人一倍刷り込まれていたようにも思います。恋愛が上手くいかないことも、罪悪感の一つになっていました。

あの時、お見合いで決めた婚約者に、自分の心の重荷を初めて語ったのです。その晩、婚約者は我が家に来て「耐えられない。この話は無かったことにする」と言って去って行きました。父は、遺恨を残さないようにと言って、わたしと母を連れて三人で先方の家に謝りに行きました。

自分の本当の心を伝えたことが受け入れられなくてボロボロになっているのに、先方の家に謝りに行くなんてなんとむごいことでしょうか。惨めな気持ちでいっぱいになりました。わたしは自己肯定感を失い、生きる力さえも失って行きました。それ以来、わたしは本当の自分の気持ちを口外することを一切しなくなりました。

当時は脳科学も量子物理学も、潜在意識の法則も心のメカニズムも知りませんでした。というより世の中全体がそれらに無知な時代でした。トラウマが解除できるものだということも、おそらく誰も知らない時代だったのです。

今だから言えますが、心の闇（未処理のトラウマ）を聞かされた相手も気の毒でした。相手に自分の苦しみを共有して欲しいと言ったのと同じことなのですから。お見合いで知り合った相手が、そこまで相手の心の闇を許容できるとは考えにくいです。わたしの元を去るのが一番誠実な行為だったと今では感謝しています。

この人生における大事件のおかげで、自分に与えられた賜物を見つけ、書家の道が開け、同時にお料理の腕前が上がったことはかけがえのないギフトだったのです。そして、グラフォロジーを継承することによって、トラウマは自分自身で解除していくものだということを知ったのも、誰かに依存して解除しようとして上手くいかなかったこの辛い経験のおかげなのです。

ポジティブもネガティブも自分で受け止め、プラスのエネルギーに換えて、自分で自分の人生を前に進めていくという、とても大事なことを知るきっかけになったのです。まさに天からのギフトです。

わたしは心臓手術をするまで、トラウマというものが自分の潜在意識の中にあるのだということを知りませんでした。20代から数えれば30年以上も心のメカニズムを知らずに、山あり谷ありの人生を送ってきたのです。

ブレークスルーしようとすると失墜する連続でした。若くて、体力があり、何でもできる年代でした。なんともったいないことをしてきたか。みなさんにはその轍《てつ》を踏んでほしくありません。わたしがコーチングと書で若いみなさんの応援団になったのは、自分自身がこんな長い回り道の人生を歩んできたからです。

トラウマを解除すれば、生きづらさや胸がザワザワとざわめくことも本当に少なくなります。人は誰でも心をお掃除すれば、可能性に満ち溢れた人生を歩むことができるのです。あなたも例外ではありません。

人生は自分に気づきを与える壮大なドラマ

今までに1700人以上の方にセッションを続けてきて、確信したことがあります。それはあなたのトラウマ（マインドブロック）ができたのはあなたのせいではないということです。

周りの身近な大人達があなたに繰り返し言い続けたこと、あなたが肉体的に被った痛みなど、良いも悪いも素直にそのまま受け入れてしまってトラウマができただけなのです。

「**性格は他人（周りの大人）によって作られる**」

「**氏（うじ）より育ち**」

これらの言葉はあながち嘘ではありません。

わたし達の心の課題、トラウマは実は刷り込まれてできたものなのです。だから自分の心の課題に向き合うことを怖れることはありません。どんな状態であろう自分を卑下する必要もありません。刷り込みに気づいてお掃除するだけです。２０１４年から無料で提供してきた、名前を書くだけの「お名前コーチング」や、新たに作った「心の診断プログラム」を活用されると、どんな刷り込みができたかがすぐにわかります。

ここで大切なことは、周りの大人によって自分の人生が紆余曲折して、辛い思いをしたからといって、それを当事者の大人のせいにはしないということです。しないというより、しないにこしたことはありません。なぜなら、あなたの人生の主役・シナリオライター・監督はあなた自身だからです。

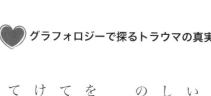

「自分がそのようなシナリオを書いてこの世に生まれてきた」と、捉えた方が現実を動かしやすくなります。池川明先生の「胎内記憶が教えてくれた この世に生まれてきた大切な理由（青春出版社刊）」を読まれれば、この辺りのことはご理解いただけるでしょう。実は人生は自分に気づきを与える壮大なドラマなのです。一生かけて気づいてトラウマを解除して、この世を去るときに光になるというイメージです。

あなたのご両親や祖父母も、この三次元の世界でそれぞれの人生を生きてきたドラマの主役です。今よりもっと過酷な時代的背景を背負って生きてきました。明治・大正・昭和の時代はまだ家父長的な家族関係が色濃く残り、女性達には今以上の制約があり、生きづらい時代でした。多くの女性が抑圧の中で人生を終えていました。また戦争という個人では避けることのできない時代のうねりの中で、男も女も不本意な人生を送らざるを得なかったことも多かったのです。

そのような中での暗中模索の子育て。男女とも様々な葛藤があったに違いありません。主人の祖母も家の体裁を守ることに生涯をかけ、子育てをして、嫁を鍛え、嫁姑の葛藤というトラブルを引き起こしていました。この有能な才媛が今の時代に若い時代を生きていたら、その輝く才能を狭い家庭の中で嫁を仕込むという形でくすぶらさせず、多くの人のために役立たせ、世の中に羽ばたいていたに違いありません。残念なことに生まれるのが早過ぎたのです。

確かに、身近な大人達の抑圧によって、あなたの人生が歪められたことは間違いないでしょう。けれども、こうやって先人達の人生をたどっていけば、皆、様々に同じようなことを繰り返して生きてきたことを理解できるでしょう。

自分を抑圧した当事者達も様々な抑圧を受けて育ってきたに違いないのです。負の鎖であなたの時代まで繋がれてきました。その負の鎖を外すのが、今こうしてこの本を読んでいるあなたの役割なのです。

あなたが、負の鎖を外すことができたら本当の先祖供養になります。それがあなたの素晴らしい役割なのでしょう。先祖を幸せにできるなんて光栄ですね。

誰一人同じ人生を生きる人はいません。皆、唯一無二の存在です。そして、皆それぞれ先祖からのＤＮＡのバトンを渡されているのです。今、あなたがここに存在し、呼吸できるのも、ご両親のお陰です。今はその一点だけでいいですから、今ここに命があることをお父さん・お母さんに感謝しましょう。あなたがどんなに抑圧をうけ、歪められた人生を生きてきたとしても、その一点だけでも感謝ができるようになったら、あなたの人生はより良い方向へ激変します。

「どうしたら、老いてもまだわたしを責め続ける母に感謝ができるのでしょうか？」と、あなたはいうでしょう。本当にそうですね。その苛立つ出来事の捉え方を変えるのは難しいことですね。実は母親はあなたの中に自分の姿を見ているのです。そして自分自身を責めているに過ぎないのです。動けなくなればなおさらです。母親はきっと小さい頃から同じように小言を言われて、育ってきたのに違いありません。あるいは姑から言われ続けたかもしれません。あなたがお母さんになった気持ちで母親を褒めたり、ありがとうを伝えてみませんか?

ロンダ・バーンの言葉に「**他の人への悪感情は、自分の人生を焼き尽くします。しかし感謝することによってそれは取り除かれます**」というものがあります。

わたし自身この言葉に出合い気づかされました。前述したようにわたしも40年前の破談の時の苦い思いを解消できずに、ずーっと心の奥底に押し込め、相手に対する感情も押し殺してきました。ロンダ・バーンの言葉に出合い、初めて「自分には耐えられない」と言って、わたしの元を去った婚約者の誠実さに感謝ができるようになったのです。彼は自分の心に誠実だったのです。わたし自身が処理すべき心の闇を相手に背負わすことは所詮無理なことなのです。このことに気づくのに40年もの長い歳月がかかりました。大丈夫です。あなたにも母親に感謝できる時が必ず来ます。

心から感謝ができるようになれば、自分の捉え方が代わり、目の前の世界がびっくりするほど心地良いものになります。本当にそうですよ。今はまだ無理かもしれませんが、このロンダ・バーンの言葉を忘れないでくださいね。

感謝は宇宙の縦波。空気中の酸素だけを吸えるとか、太陽の光を浴びられるという、本当は当たり前ではないけれど、いつも当たり前だと思っている恵みに対するものです。それに対してありがとうは宇宙の横波。何か物をいただいたとか、何かしていただいたという現象に対するものです。縦波と横波が織りなすように、感謝とありがとうを同時に使うと魔法の力が働くのです。まずは小さいことから感謝のワークを始めてみてください。そうすれば、いつか必ず、あなたもわたしのように辛い出来事に対しても感謝ができるようになること間違いありません。そうしたら、心が本当に穏やかになります。そしてあなたの人生は間違いなくとびきり仕合せになっていきます。これが人生における感謝の魔法の力です。

今、あなたは壮大な人生ドラマの途中にいます。ドラマを前に進めていきましょう。

C= チェック

チェック項目	C
17 親離れができない	□
18 人を信用するという意味、感覚がわからない	□
19 嫉妬心が強い	□
20 団体行動が苦手。集団の中で、他の人達と同じように考えたり、行動したりできない	□
21 学校でいじめや仲間はずれを経験した	□
22「ありがとう」「感謝します」「おかげさま」とはいうものの、本心からそう思ったことがない	□
23 失敗を過剰に恐れる	□
24 誰からも好かれたい。誰に対しても常に「良い子」「良いひと」であろうとする	□
25 人に甘えられない。わがままを言えない	□
26 ささいなことでよく口喧嘩をする	□
27 怒り、悲しみ、恐れ、喜び、しあわせを感じない	□
28 子供や、子供っぽい人を見るとイライラする	□
29 のんびりだらだらできない	□
30 セックスが苦手。セックスに対して罪悪感や嫌悪感を感じる	□
31 セックスに関して無関心。無頓着。無防備	□
32 自分に自信がないので、やりたいことができない。心配性で、優柔不断	□

■心理診断プログラム―心に受けた50の抑圧度診断

チェック項目	C
1「自分には価値がない」と思うことがある	□
2 人からの評価、人からどう思われるかが気になる	□
3 他人がほめられているのを見たり聞いたりすると嫌な気分になる	□
4 自分の言いたいことが言えない	□
5 自分が欲しいものを「欲しい」と言えない	□
6 人に頼み事が言えない	□
7 すぐに自分にはできないと思ってしまう	□
8「私は頭が悪い」「考えるのが苦手」と思ったりする	□
9 他の人がしている事が気になる	□
10 完全主義の親から「お前には任せられない」と言われて育った	□
11 成功の一歩手前で最後までやり遂げられない	□
12 何をやっても、どれだけやっても達成感がなく、「まだまだ」「もっともっと」と感じる。過剰に頑張り屋さん	□
13 小さい時に性的いたずらをされたことがある	□
14 いつもやることを手一杯抱えている	□
15 人と親密に慣れない。仲良くなってくると自分の方から壁を作る	□
16 人といるとリラックスできない	□

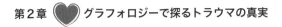

C= チェック

チェック項目	C
33 やる前から「自分にはできない」と思ってしまう	□
34 愛情の温もりを感じられない	□
35 先延ばしの癖がある。仕事の着手が遅い	□
36 自分で決められないので「どうしたらいいですか？」とよく人に聞く	□
37 感動しない、興奮しない	□
38 ストレスや不安など、嫌なことがあるとすぐに熱を出す	□
39 病気になっても休まない	□
40 自分にとって都合の悪い状況になると、暴れたり、叫んだりして周囲をコントロールしようとする	□
41 自分の感情がわからない	□
42 何をしても楽しめない。心から楽しいと思ったことがない	□
43 いつも疲れている。でも休んでくつろげない	□
44 死にたい気持ちになったことがある	□
45 自分の欲求を素直に出している人を見るとイライラする	□
46 過剰な競争心。人に負けるのがとても悔しい	□
47 異性に近づくことに違和感を感じる	□
48 自分の存在を示したり、目立ったりするのが苦手	□
49 嫉妬心、独占欲が非常に強い	□
50 愛されているという感覚がなく、人を愛するのがこわい	□

★診断結果の対応策は下記までアクセスしてください。
https://graphology.xyz/traumashindan/ ⇒

魔法の言葉❷

ネガティブなできごとは天からのギフト

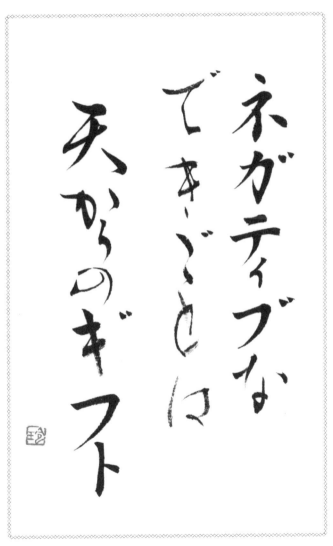

魔法の言葉❷

——ネガティブな出来事は天からのギフト

誰でも、ネガティブな出来事は嫌です。なかったことにしたいです。そして、わたしがそうだったように、心の奥底に押し込めて忘れるようにします。実はそのネガティブなことは、わたし達の資産なのです。ちゃんと使える形にすればいいだけです。例えば精製して石油を作る動植物の死骸の原油と同じです。石油はわたし達の生活を潤し、なくてはならないものになっています。同じようにそのネガティブなことを体験したからこそ、似たような経験をした人の気持ちが理解できるようになるのです。

何不自由もなく生きた人は、他者の心が理解しづらいです。お金のない苦しさ、愛情を受けられない苦しさ、人間関係の難しさ、病の苦しさを本当にはわからないのです。同じ痛みを持っていれば、それがすぐに感じられ、理解できます。わたし達の持つその惨めで苦しく、悲しい思いは、捉え方を変えたとき、ものすごい資産になります。それこそが天からのギフトなのです。

魔法の言葉は「量子言語」と言って脳の神経回路を換える言葉です。

第3章
手書き文字を読み解く12の法則

心の変化によって変わる手書き文字

学校でいじめによる自殺という痛ましい報道を耳にする昨今です。

自殺した生徒の通う学校ではよく、いじめに気がつかなかったと言います。しかしながら、心の変化によって手書きの文字が変化するという認識を持っていれば、日常的に生徒の手書きの文字を見ている教師がいじめに気がつかないはずがありません。

左記の設定①から④の手書き文字は、一人のクライアントに女優になったつもりで、4つの状況下のメンタルを演じてもらい名前を書いていただいたものです。

【4つの状況のメンタル】

設定①ものすごい倍率を勝ち抜き就職が決まった入社式の朝です。気持ちは期待で膨らんでいます。

設定②お局さん登場。ちょっといじられました。

設定③お局さんとそのグループからのパワハラがひどくなって、なんでこんな目にあうの？ なんで？ なんで？ 辛い！ とセルフトークをしている状態です。

設定④マインドリセットをして元気になった状態です。

いじめにあうと、気持ちを表に出せなくなるために、文字は小さくなります。

生徒の文字が設定③のように小さくなってきたら要注意です。

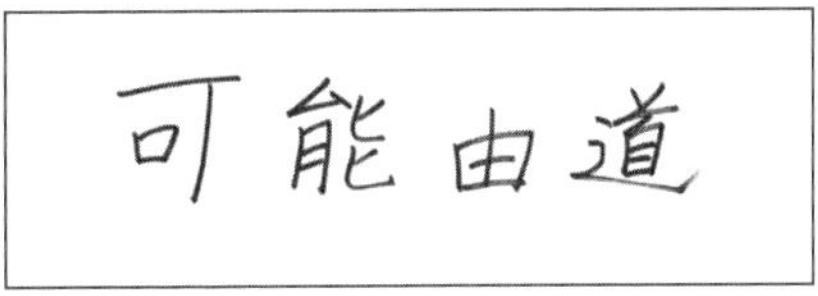

設定①

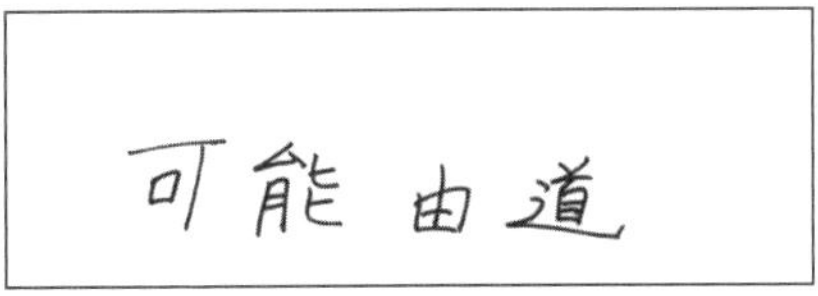

設定②

設定③

設定④

「可能由道」の由来

「可能由道」とは架空の名前です。実在の人の名前を使うと、プライバシーの問題に関わってきます。それで姓名判断で画数の良い文字で、グラフォロジーの法則の要素が全て含まれている「可能由道」という名前を作りました。

▼フォント文字の例（脅迫文など）

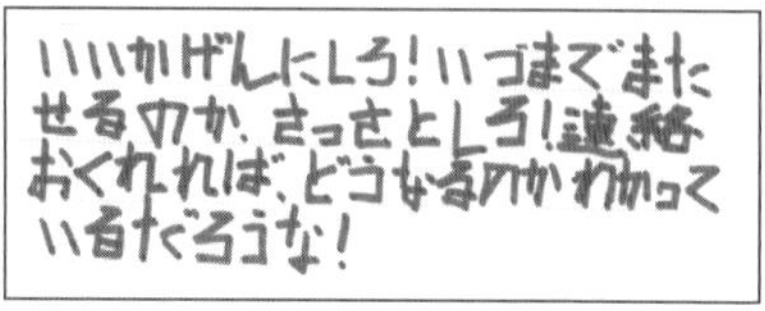

また、心の状態を表す極端な例として「フォント文字」があります。よく報道される「脅迫文」などに書かれている独特な文字を想像してみてください。文字がきっちりしていて、スラントが見られないフォントのような文字です。このような文字を書く人は何か自分の中に基準があって、それが少しでも歪んでしまうと突然感情的になったり、暴力的になったりする傾向性があります。犯罪者に多い傾向性です。

「ベースラインがガタガタな文字」も要注意文字の一つです。スラントやベースラインがガタガタで乱雑な文字は、感情のコントロールが上手くできていない傾向があります。これも報道などでよく目にする自殺した生徒が書いた学級日誌や書き置きなどに見られる文字を想像してください。文字のベースラインがガクッと落ちて、どれだけ大変な状態にあるか手に取るように分かります。このような文字を発見した時に緊急性を理解して、周囲の大人がすぐに相談に乗っていたら生徒の命を救うことができた可能性が高くなったことでしょう。

もし、「フォントのような文字」「スラントがガタガタな文字」「途中でベースラインが落ちている文字」に出会ったら、自分一人で解決しようとせずに、プロのメンタリストに必ず連絡を取ってください。特に、「フォント文字」で、筆圧が強く、文字間隔が空いていなくて、マージンがない場合は要注意です。このような人は執着心が強く、粘着気質で、キレやすいので、ハイレベルのメンタリストでないと対応ができません。グラフォロジーは相手との信頼関係を築くツールですので、自分一人でなんとかしようとしないでください。

▼ベースラインが乱雑な文字の例（学級日誌など）

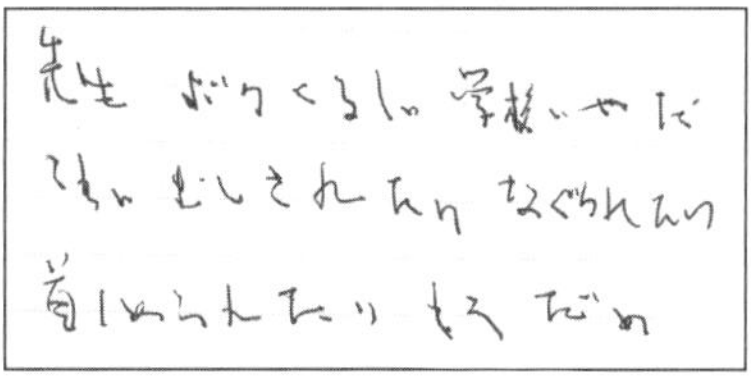

これらの極端な要注意文字ではなく、普通に書いていただいた文字も、次ページから紹介する「手書き文字を読み解く12の法則」によって理解することができます。手書き文字を12の視点から読み解いて、書いた本人も気づかない、潜在意識に埋もれたトラウマ（マインドブロック）などを見つけ出し、解決していく方法が見つかります。また、書き手の現在の心の状態や性格までも読み解いていくことができるのです。

手書き文字を読み解く12の法則

「マージンの法則」で下記の手書き文字を読み解いてみましょう。

❶

マージンの取り方が綺麗な書き方です。自分で物事を決めることもできますし、文字間隔が空いているので人の話も聞くことができる状態です。

❷

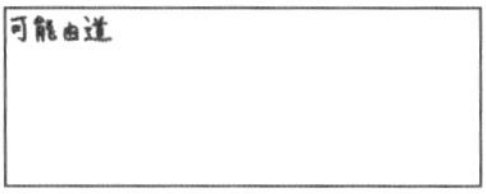

左上隅に詰まっているので、なんでも自分で決めたい状態です。また左側に詰まっているので、他人に自分の内面を触れられたくないという思いがある状態です。

❸

ちょっと今は刹那的で、今が良ければいいという心の状態です。文字間隔が詰まっているので、人のアドバイスなどの外からの情報が入りにくい状態です。

❹

❺

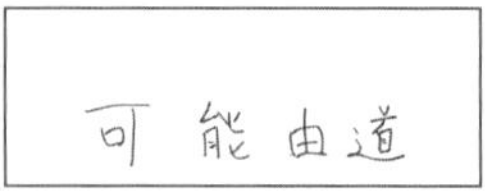

今、自分で色々なことを決められない状態です。❹の文字は文字間隔が詰まっていて右側の余白が大きく空いているので、人からのアドバイスも入らず未来の展望もない状態です。❺の文字は、自分で決められないながらも文字間隔が空いているのでアドバイスも聞けるし、未来の展望がある状態です。

1 マージン—Ⓐ

上下左右の余白のことをマージンと言います。左側は過去、真ん中は現在、右側は未来を、上部は過去、真ん中は現在、下部は未来を表しています。

1 マージン		
	■マージンが広い	・アドバイスが欲しい ・ピンチの時もわりと「何とかなるさ」と思えるタイプ ・今この瞬間を楽しめる事が好き
	■マージンが狭い	・左に詰めて書こうとする時は、他人に内面を触れられたくない心の状態、余裕がない ・過去に終わらせていない事があって、気になる事があるように見受けられる ・石橋を叩いて渡るほど確実なタイプ

③思考が過去に戻っていきます。元彼とよりを戻すとか、転職しても元の会社に戻るようなことをしがちです。

④未来思考ですが、具体的な方策がない状態です。

⑦過去の記憶と未来の妄想の中にいるだけで、地に足をつけて生きていない状態です。

⑧自分で物事を考えず、あなた任せで依存的。責任を持たない状態です。

1 マージン－Ⓑ

様々なマージンをわかりやすく表現すると以下のようになります。

①自分の意見も言えて人の意見も聞ける非常にバランスが良い状態です。有能です。

②きちんとはしていますが、自己主張が強く人の話を受け入れない状態です。過去に触れられたくないことがあります。

⑤目の前の出来事で精一杯で、未来に対するビジョンが全くない状態です。

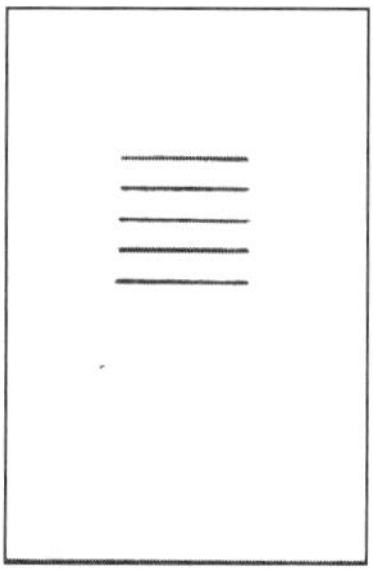

⑥刹那的です。今さえ良ければそれでいい状態です。

手書き文字を読み解く 12 の法則

「ベースラインの法則」で下記の手書き文字を読み解いてみましょう。

❶ 

ベースラインが小高い丘のようになって最後で下がっています。今やろうとしていることが途中で頓挫して、最後までやりきれない状態です。三日坊主的。

❷ 

ベースラインが最後で下がっています。潜在意識的にやっていることがやりたくなく、やり遂げられない状態です。

❸ 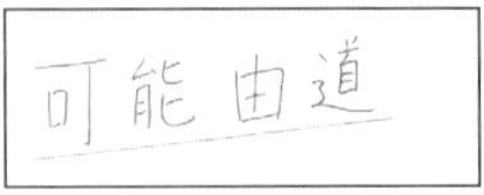

ベースラインが最初から右に上がっています。未来に気持ちは向かっていますが、具体的ではなく地に足がついておらず、妄想で終わる状態です。

❹ 

ベースラインが最後で上にちょっと上がっています。最後までやっていることがやり切れる状態です。

❺ 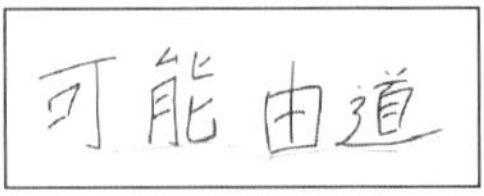

ベースラインが V 字状態。やっていることが最初はうまく行かなくても、尻上がりにうまくいく状態です。

❻ 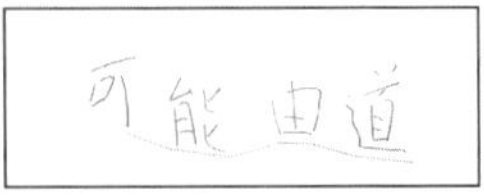

ベースラインがガタガタしています。気持ちが落ち込んでいて気分にムラがある状態です。

2 ベースライン―Ⓐ

ベースラインとは、文字の下部をつなげたラインのことです。

2 ベースライン		
	■ベースラインが上がっている	・文字を最後まで上向きに書くためには最後まで続く相当なエネルギーが必要 ・最後までやり抜く状態 ・書いている事柄に対して良い感情を持っている ・バイタリティーがあって積極的でやる気がある ・感情表現が豊かでわかり易い ・身振り手振りで一生懸命伝える ・先のことをあれこれ心配するよりも行動してみる状態
	■ベースラインが下がっている	・あまり気分が良くない ・どちらかというと途中で諦めてしまう集中力の欠ける状態 ・自分のことを嫌っているところがある ・気分が落ち込んでいたり、後ろ向きになっているように見受けられる ・下がっている文字に対して何か気になっている事があったり、否定しているところがある

**④ベースラインが
最初から右に上がっている**

未来に気持ちは向かっているのですが、具体的ではなく、地に足がついていません。妄想で終わる状態です。

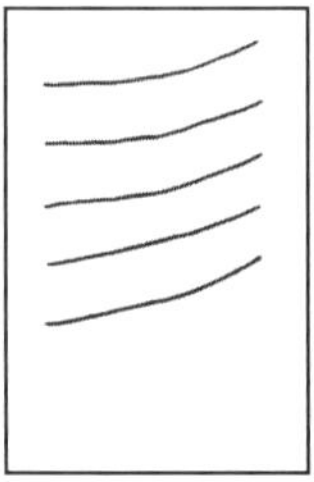

**⑤ベースラインが
おわんの底型になってる**

最初はダメでも尻上がりにうまくいく状態です。例えば営業などで、月の半分は成績が振るわなくても後半で挽回する状態です。

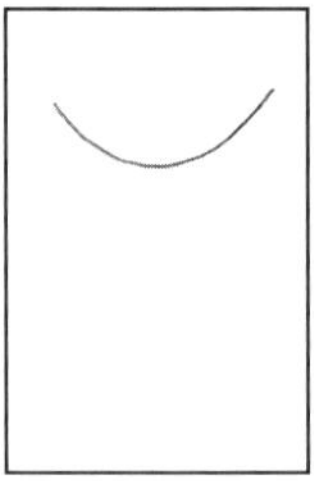

**⑥ベースラインが
最後で上にちょっと上がる**

最後までやり抜く状態です。願い事などはこの書き方で書きましょう。

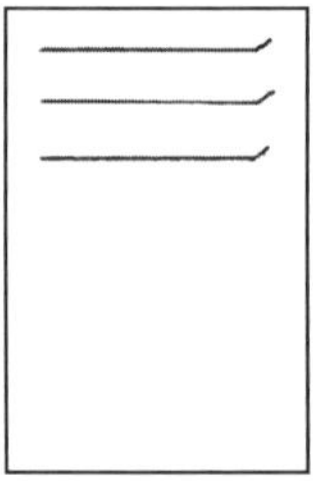

2 ベースライン－Ⓑ

様々なベースラインをわかりやすく表現すると以下のようになります。

①ベースラインがだんだん下がる

今やっていることが本当はやりたくないのか、気乗りがしていない状態です。物事がうまくいかない、あるいは潜在意識的に嘘を書いています。

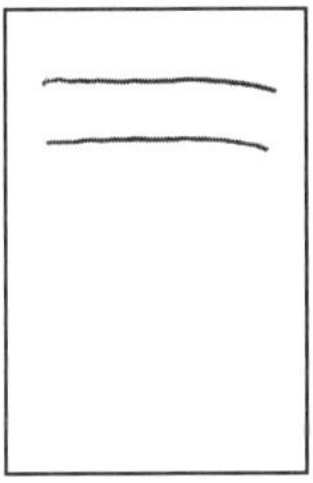

②ベースラインが
小高い丘のようになって最後で下がる

今やろうとしていることが、途中で頓挫して最後までやりきれない状態です。三日坊主的です。

③ベースラインがアップダウンする

呼吸が乱れているので文字がアップダウンを繰り返します。今、心がSOSを出しています。

「文字間隔の法則」で下記の手書き文字を読み解いてみましょう。

❶ 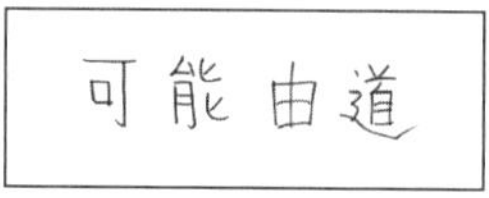

文字間隔が空いているので、人の意見を受け入れられる余裕があります。物事をきちんとしますが、ベースラインが最後で下がり、今はやろうとしていることが最後までやりきれない状態です。

---

❷ 

文字が大きく文字間隔が狭いので、自分の主張はするが人の話を受け入れる余裕がありません。物事をきちんとしますが、過去の経験値で物事を考えている状態です。

---

❸ 

文字間隔が空いており文字が丸みを帯びているので、わりと寛容でおおらかです。人の話を受け入れる余裕があり、未来に向かっているが日常の行動がゆったりしています。

---

❹ 

文字間隔が狭いので仕事はテキパキと進めますが、人の意見を受け入れる余裕があまりない状態です。時間に正確で少しせっかちです。

3 文字間隔

文字間隔とは、隣合った文字の間隔のことです。

3 文字間隔		
	■文字の間隔が広い	・人の意見を受け入れる余裕がある ・日常の行動がゆっくりしていてのんびりした傾向にある ・わりと寛容でおおらか ・あまり目標にこだわらない ・わりとマイペース
	■文字の間隔が狭い	・少しせっかち ・わりと時間に正確 ・今あまり余裕のない状態 ・仕事はテキパキ進めるが、ストレスや悩みが体に出やすい

手書き文字を読み解く12の法則

「スラントの法則」で下記の手書き文字を読み解いてみましょう。

❶ 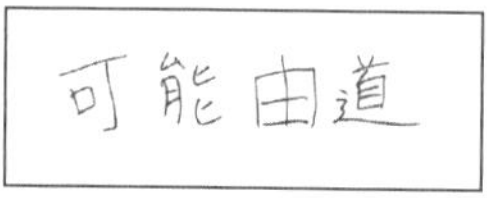

各文字の中心軸が左に傾いている文字。過去の事象に対して何かひっかかっていて、感情を押さえていたり、気になっていることがある状態です。

❷ 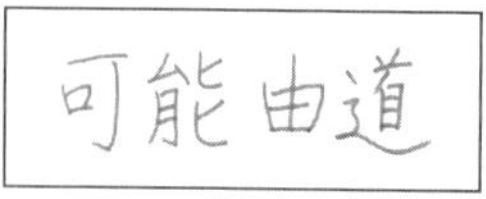

各文字の中心軸が垂直になっている文字。学んだことを身につけ、きちんと実践するタイプです。真面目で誠実ですが、自分の正しさで人を裁いてしまう傾向があります。

❸ 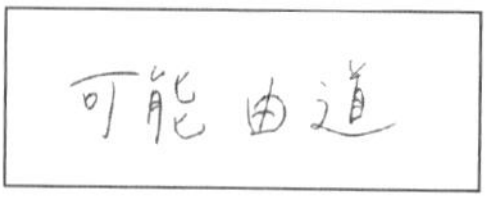

各文字の中心軸が右に傾いている文字。未来に向かって進んでいます。感情を素直に表現でき、ワクワク楽しく人生を生きている状態です。

❹ 

各文字の中心軸が右に傾いている文字。未来に向かって進んでいます。文字間隔がつまっているので、時間に正確で仕事はテキパキ進めますが、今はあまり余裕がない状態です。

4 スラント

スラントは傾斜や傾きという意味です。ここでは文章全体の傾きではなく、文字一つ一つの傾きを見ていきます。用紙全体を見て左側を過去、右側を未来と考えます。

4 スラント	■文字が左に傾いている（過去）	・その文字の事象に対して過去に何か引っかかっていたり、感情を抑えている。気になっている事がある ・将来の夢や目的が少しぼやけている
	■文字が垂直になっている（現在）	・学校や書塾で学んだことがきちんと身についている。学んだことをきちんと実践するタイプ ・真面目で誠実 ・正しいことが大好きで、正しさが一様ではないことに気づかないことが多い ・自分の正しさで人を裁いてしまうこともある ・固定観念が強い
	■文字が右に傾いている（未来）	・未来に向かって進んでいる ・感情をストレートに表現 ・これから何かワクワクすることがあり、楽しく人生を生きている ・頼りたくなる何かを持っている

文字の傾きを見る時、一次関数、二次関数の座標軸を思い浮かべてください。縦の中央線より右が＋のエネルギー、左が－のエネルギーです。

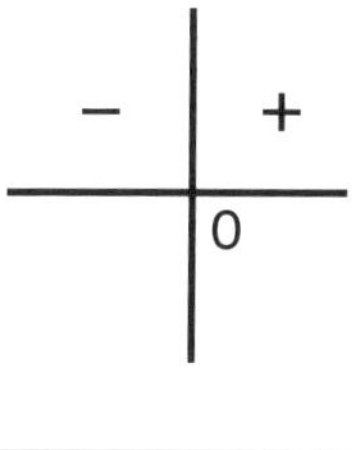

文字が左に傾いている時は、過去の思考で今を見ているのです。例えば、過去の出来事を通した父親像や母親像です。

手書き文字を読み解く12の法則

「文字の大小の法則」で下記の手書き文字を読み解いてみましょう。

❶

文字が大きく、スラントは垂直。社交的で知らない人にも話しかけ、自分を表現し、新しいことへ積極的にチャレンジすることができます。文字が角ばっているので、物事をきちんと進めることができます。しかし文字が大きすぎるので人の話を聞けない傾向もあります。

❷

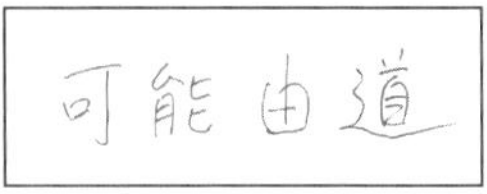

文字の大きさが大きすぎず小さすぎず、余白とのバランスがいい文字です。文字間隔も空いているので、さまざまな情報を受け取れる状態です。文字の形態がやや丸みを帯びているので、明るくおおらかなタイプ。「由」の縦画、「可」の縦画が長いのでプライドがあり、責任感があります。ベースラインが最後で上がっているので物事をやりぬく力があります。スラントは垂直です。

❸

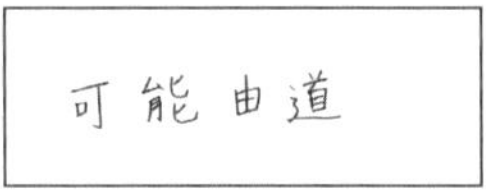

文字がやや小さめでスラントは左。客観性があり、物事を着実に行うタイプです。自信があることでも、すぐには外に出さず、話しかけられるまで待ちますが、話しかけられると親しく会話をする傾向にあります。

❹

かなり文字が小さい、スラントは右。自信があっても口には出さず、客観性があり物事を着実に行っている状態。目立たないので自分の意見を持たないと誤解されることもあります。

5 文字の大小

文字の大小とは、文字の大きさを見ます。

5 文字の大小	■文字が大きい	・気持ちを出す ・社交的で自分から知らない人に話しかけていく ・人に話しかけることが好き ・新しいことに積極的にチャレンジする ・営業に向く
		▲自分でバンバン言って失敗することもある ▲やっかいな問題に遭うこともある ▲文字が大きすぎて、周囲の声が入りにくいこともある
	■文字が小さい	・気持ちを出さない ・話しかけられるまで待つ ・話しかけられると楽しく会話する ・客観的に物事を見る傾向があり、物事を着実に行なう ・わりと細かいことに気づく ・細かい仕事が向く ・自信があってもすぐには外には出さない
		▲大人しく、自分の意見を持たないタイプと誤解されることがある

手書き文字を読み解く12の法則

「スピードの法則」で下記の手書き文字を読み解いて見ましょう。

❶
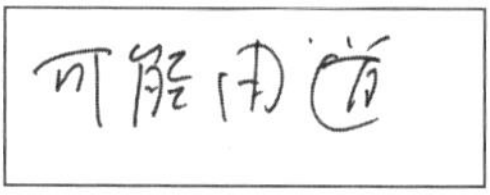

スピード感のある文字。営業向き。即断即決。行動的ですが、ともすると雑になる傾向があります。字間はやや狭く、「可」のスラントが左、「能・由・道」は右。男性性（父親・祖父・先生）との関係性の課題があるかもしれません。マージンから見ると人の話は聞きますが、最後は自分で決める傾向があります。

❷
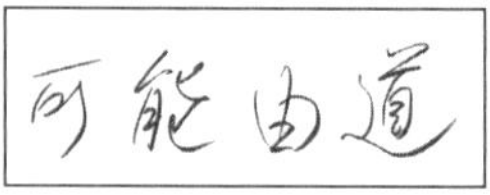

スピード感のある文字。即断即決で行動的です。文字が整っているので、どちらかというとちゃんとしようとする傾向ですが、詰めが甘いところがあります。文字はやや大きめ、払いが伸びやか、最後でベースラインが上がっています。

❸

丁寧な文字。慎重・正確で、丁寧な対応が得意。どちらかというと変化についていくのが苦手。きちんとした説明が欲しい傾向があります。やや文字の中心軸が左に傾いているので、常識的な判断をする傾向です。

❹
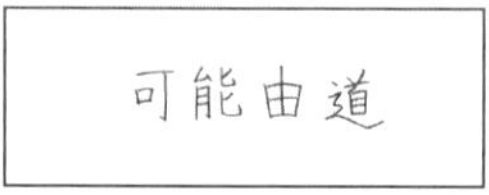

丁寧な文字。慎重・丁寧・落ち着いて物事を考えるタイプで、きちんとしています。文字の中心軸が垂直なので、正しいことを大事にしていますが、自分の正しさと他人の正しさが違うことに気づいていないかもしれません。ベースラインが最後で右下がりなので、やりたいことがやりきれていない状態です。

6スピード

スピードとは、文字を書くときのスピードです。

文字を書いているところを見なくても、スピード感のある文字なのか、一字一字丁寧に書いている文字なのかは、慣れればすぐにわかるようになります。

スピード感のある文字を書く人は行動的でスピーディー。丁寧な文字を書く人は慎重で正確、落ち着いて物事を考える傾向がありますから自ずと向く仕事もわかります。

6スピード	■スピード感のある文字	・行動的　・スピーディー ・思い立ったらすぐ行動 ・歩く速度が速い
		▲ともすると雑になる傾向 ▲最後の段取りが悪く詰めが甘いことがある ▲周囲の歩調にあわせられないことがあるタイプ
	■丁寧な文字	・慎重　・正確 ・落ち着いて物事を考える傾向 ・正確で丁寧な対応が得意
		▲変化についていくのがどちらかというと苦手な傾向 ▲雑なのを好まない ▲きちんとした説明が欲しいタイプ

手書き文字を読み解く12の法則

「筆圧の法則」で下記の手書き文字を読み解いてみましょう。
(a.～h.) 内に当てはまる言葉は？

❶

筆圧が強い文字です。物事を意欲的に取り組み、しっかりとした自分の意見を持っています。文字の中心軸がやや右に傾いているので（a.　　　　）。ベースラインが下がっているので(b.　　　　)です。

---

❷
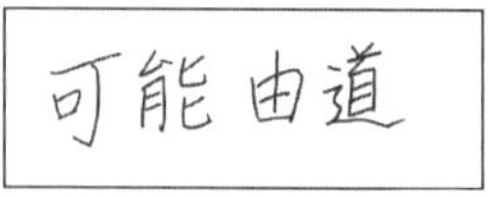

筆圧が強い文字です。バイタリティーがあり、物事を意欲的に取り組むタイプです。文字の中心軸がやや右に傾いているので（c.　　　　）。ベースラインが右上がりなので（d.　　　　）です。

---

❸
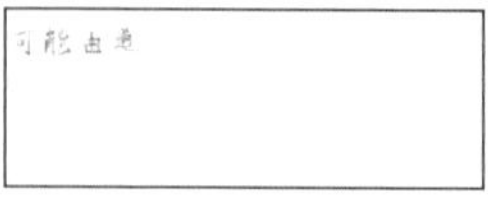

筆圧が弱い文字です。物事を慎重に丁寧に取り組む傾向があります。体調が悪いのかもしれません。マージンから見ると文字が左に寄っているので（e.　　　　）。ベースラインが最後で上がっているので（f.　　　　）です。

---

❹

筆圧が弱い文字です。誠実で柔軟性があります。体調が悪いのかもしれません。文字と文字の間隔が空いているので（g.　　　　）。ベースラインが最後で上がっているのでやろうとしていることをやり切れる状態。文字の中心軸が右に傾いているので（h.　　　　）です。

7 筆圧

文字の線の濃さや太さで、筆圧が強いか弱いかを見てみましょう。筆圧によってその人の自信やバイタリティーを見ることができます。

7 筆圧		
	■筆圧が強い	・その物事に自信がある ・物事を意欲的に取り組む傾向 ・何をするにも堂々とした態度で行う傾向 ・しっかりとした自分の意見を持っていることが多い ・バイタリティーがある
		▲独断的で時々人のことを無視する傾向がある
	■筆圧が弱い	・物事を慎重に丁寧に取り組むタイプ ・誠実で柔軟性がある
		▲自信や意欲に欠ける傾向がある ▲病気のときもある ▲何かあったとき陰に入りがち

【筆圧の法則・解答】
a. 未来思考的　b. 物事を最後までやりきれない状態　c. 未来思考的
d. 未来思考だが具体的な方策がない状態　e. 他人に内面を触れられたくない状態
f. やろうとしていることをやり切れる状態　g. 様々な情報を受け取れる状態
h. 未来に向かって進んでいる状態

手書き文字を読み解く12の法則

「文字の形態の法則」で下記の手書き文字を読み解いてみましょう。(a.～f.) 内に当てはまる言葉は？

❶

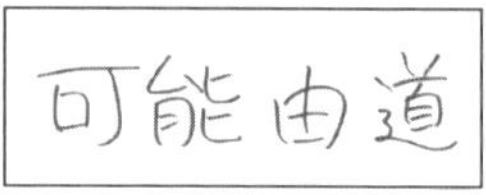

丸字の典型的な文字です。明るくおおらかで親しみやすく人懐っこく、初めての人でもすぐに友達になれます。

❷

文字が角張っています。誠実で物事を正確に行うのが得意で、何事もしっかり準備してから取り掛かります。文字サイズのバランスが良く、字間も空いているので、(a.　　　) を受け取れる状態です。マージンから文字中心が垂直なので、(b.　　　) にこだわる傾向があります。

❸

文字が角張っています。誠実で物事を (c.　　　　) に行うのが得意です。何事もしっかり準備してから取り掛かります。文字間隔が詰まり、文字サイズが (d.　　　　) ので主張はするが人の話を聴くのが苦手な傾向があります。

❹

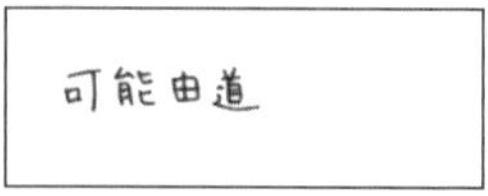

文字が丸いので親しみやすく人懐っこいタイプです。「由・道」が「可・能」より小さく、文字の中心軸が左に傾いているので自己肯定感が低い傾向にあります。マージンから見ると (e.　　　　) の余白が空いているので、未来に対して具体的な方策がない状態です。ベースラインが小高い丘状態なので (f.　　　　) 的な傾向があります。

8 文字の形態

文字の角が丸みを帯びているのか、角張っているのか、文字の払いに丸みがあるかどうかを見ます。

8 文字の形態	■文字が丸い	・親しみやすく人懐っこい傾向 ・初めての人でもすぐに友だちになれる ・明るくおおらかな傾向 ・Weタイプ
		▲親しくなりすぎてトラブルに巻き込まれることもありがち
	■文字が角張っている	・物事を正確に行なうのが得意 ・何事もしっかり準備してから取りかかるタイプ ・誠実
		▲わりと第一印象は付き合いにくい印象を与えがちだが、親しくなると、とことん入っていくタイプ ▲Meタイプ ▲きちんとした説明が欲しい

【文字形態の法則・解答】
a. 情報　b. 正しさ　c. 正確　d. 大きい　e. 右半分　f. 三日坊主

「文字の高低の法則」で下記の手書き文字を読み解いてみましょう。(a. ～ i.) 内に当てはまる言葉は？

❶

「可」の縦画、「由」の縦画の高さが高い文字です。責任感が強く、誇りを持っています。グループで行動するタイプではなく、1対1でとことん関わる傾向が強く、個人競技が好きで一人の時間を楽しく過ごせます。ベースラインが（a.　　　　）になっているので、ちょっと三日坊主的な傾向があります。

---

❷

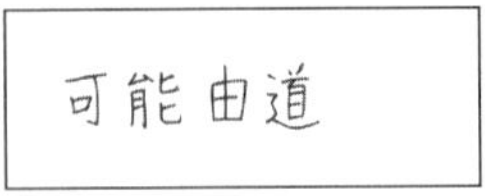

文字の高さが低いので人と関わる仕事に向いていて、チームスポーツの方が好きな傾向にあります。文字サイズがややが小さいので（b.　　　　）があります。丁寧に書かれた文字なので（c.　　　　）で正確な対応が得意。右のマージンが空いているので今はちょっと（d.　　　　）に対するビジョンが見えない傾向にあります。

---

❸

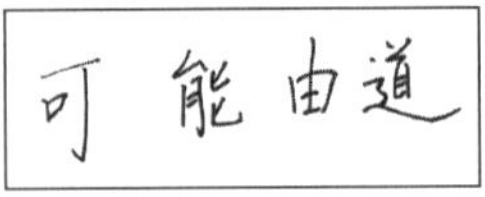

文字の高さが高いので（e.　　　　）が強く誇りを持っています。（f.　　　　）でとことん関わる傾向が強く、（g.　　　　）を好み、一人の時間を楽しむタイプです。ベースラインが最初から（h.　　　　）に上がっているので、未来思考ですが具体的な方策がなく妄想的な状態。「由道」が小さいので (i.　　　　) が低い状態です。

9文字の高低

文字の高さとは、文字全体の高さだけでなく、上に突き出している高さが高い文字を見ます。下に伸ばす長さも文字の高さと見ます。

9文字の高低		
	■文字の高さが高い	・縦の線が高ければ高いほどプライドが高い傾向 ・個人競技 ・みんなでワイワイ騒ぐよりも1対1でとことん関わっていくタイプ ・責任感が強い ・一人の時間も退屈せずに楽しめる
		▲唯我独尊になることもある
	■文字の高さが低い	・全体の高さが変わらない場合は柔軟な対応ができて、周りの人に合わせられる ・チームスポーツが好き ・人の話を聞くのが上手 ・人と関わる仕事に向いている
		▲人の話を聞きすぎて悩むこともある

【文字の高低の法則・解答】
a. 小高い丘状態　b. 客観性　c. 慎重　d. 未来　e. 責任感　f. 1対1
g. 個人競技　h. 右上　i. 自己肯定感

「文字の幅の法則」で下記の手書き文字を読み解いてみましょう。(a.～f.) 内に当てはまる言葉は？

❶

四文字の文字に幅があるので、やる気があり、自分の感性を信頼していて自分でやってみないと気が済まない傾向があります。パワーがあるのですが、「由・道」が小さく、スラントが左に傾いているので (a.　　　　) が低い状態です。

---

❷
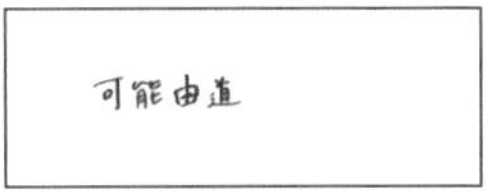

文字の幅があまりない文字です。綿密な計画をたて、過去の実績を大事にして、堅実で、根拠もなく見切り発車はしない傾向にあります。文字が小さいので、(b.　　　) がありま す。文字と文字の間の文字間隔が狭いのであまり (c.　　　) を受け取れず、新しい発想が浮かびにくい状態です。

---

❸

文字の幅があまりないため(d.　　　) な計画を立て、過去の (e.　　) を大事にして、堅実で、根拠もなく見切り発車はしない傾向にあります。文字間隔が詰まっていないので人の話などの (f.　　　　) を受け取れる状態です。

⑩ 文字の幅

文字の幅とは、文字の一つ一つが横に伸びているというだけではなくて、「一」「大」「子」等の横線が長いかそうでないかも見ていきます。

文字の横線からはやる気を読み取ります。横線を長く書くにはエネルギーがいるからです。

⑩文字の幅		
	■文字の横幅が長い	・やる気がある ・仕事でも遊びでも夢中になって我を忘れる ・自分でやってみなければ納得できない ・自分の感性をとても信頼している
	■文字の横幅が短い	・過去の実績を大切にする ・堅実に根拠も無く見切り発車はしない ・綿密な計画を立てる ▲新しい発想が浮かびにくい

【文字の幅の法則・解答】
a. 自己肯定感　b. 客観性　c. 情報　d. 綿密　e. 実績　f. 情報

手書き文字を読み解く 12 の法則

「文字の終わりの法則」で下記の手書き文字を読み解いてみましょう。(a. ～ f.) 内に当てはまる言葉は？

❶

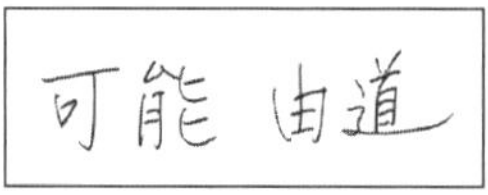

「道」のしんにょうの払いが伸びやかで、「可」のハネもしっかりしています。受け皿が大きくて、おおらかで気前が良く、こだわりが少なく、困っている人を見ると放って置けない傾向があります。ベースラインが最後で上がっているので、やろうとしていることが（a.　　　　）状態。スラントは右に傾いていますが、「由・道」がやや小さいので（b.　　　　）がやや低めです。

---

❷

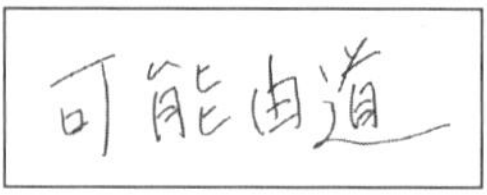

「道」のしんにょうの払いは長いが止めています。「可」のハネもあまりはっきりしていません。ちょっと物事をやりきれず、倹約家で無駄な投資はしない傾向にあります。スラントが左に傾いているので過去の経験や世界観の中に入りがちです。「可」の文字が大きいので、（c.　　　　）との関係性の課題があるように見受けられます。

---

❸

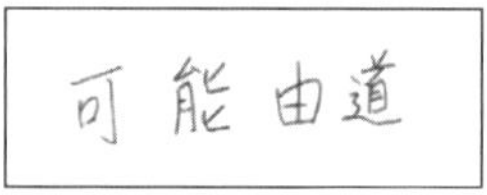

「道」のしんにょうの払いを止めています。倹約家で無駄な投資はしない傾向にあります。「可」のハネはしっかりしているので、本人から見た親は物事をやり切るタイプです。ベースラインが初めから（d.　　　　）上がっているので未来思考ですが、妄想的で具体的な方策がない状態です。

11 文字の終わり

文字の終わりとは、文字のハネや払いがきっちりしているか、長く伸びやかだったりしているか否かを見ます。長く伸びやかな払いの場合は、気前が良いと捉えますが、同じ長く伸びている払いでも、先が止まっている場合は気前は良くありません。気前の良し悪しは、お金だけでなく知識や情報にも当てはまります。

11 文字の終わり	■文字の終わりが伸びやかで長く、大きい	・受け皿が大きい ・懐が大きく、気前が良い ・わりと大らかな性格でこだわらないタイプ ・困っている人を見ると放っておけないタイプ ▲しまりが悪い傾向もある
	■文字の終わりの払いが止まる	・自分の世界観の中に入りがち ・堅実に物事を進められる ・倹約家 ・無駄な投資はしない ▲あまり人に与えない

【文字の終わりの法則・解答】
a. やり切れる　b. 自己肯定感　c. 父親　d. 右上に

手書き文字を読み解く12の法則

「文字の読みやすさの法則」で下記の手書き文字を読み解いてみましょう。(a.～f.) 内に当てはまる言葉は？

❶

とても読みやすい文字です。コミュニケーション能力が高く、人が困っていると放って置けない傾向があります。初対面の人でもすぐに仲良くなれます。

---

❷

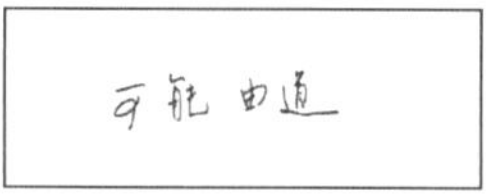

読みにくい文字です。コミュニケーションがあまり得意ではなく、客観性があり人を見ていますが人づきあいをあまりしたくない状態です。自分を高めるための一人の時間を大切にしています。ベースラインが小高い丘のようになっているので（a.　　　　）的な傾向があります。

---

❸

とても読みやすい文字です。文字が角張っているので、最初は（b.　　　　）印象を与えますが、（c.　　　　）で親しくなると深いコミュニケーションが取れるタイプです。

---

❹

読みにくい文字です。人付き合いやコミュニケーションが苦手な傾向があります。ベースラインが最初から（d.　　　　）なので、（e.　　　　）思考はあるが妄想で終わり気味です。「能」の文字が大きくて文字中心が左に傾いているので（f.　　　　）との関係性に課題があるでしょう。

⑫ 文字の読みやすさ

文字の美しさや上手さではなくて、丁寧に書かれていて、本人が読んでも読み手が読んでもきちんと読めるか見てみましょう。

⑫文字の読みやすさ	■字が読みやすい	・コミュニケーション能力が高い ・わりと話すのが好き ・人が困っていると放っておけないタイプ ・初対面の人とでもすぐに仲良くなる
	■文字が読みにくい	▲コミュニケーションがあまり得意ではない ・自分を高めるために一人の時間が大切で、一人の時間を退屈せずに楽しめる ▲どちらかというと人付き合いが苦手 ▲自分の事しか言わないし、全く人に伝えようと思っておらず100%コミュニケーションが下手(読みにくい文字を書いてプレゼントをしても相手に伝わらない)

【文字の読みやすさの法則・解答】
a. 三日坊主　b. 付き合いにくい　c. 誠実　d. 右上がり　e. 未来　f. 母親

※本書で使用している「可能由道」のサンプル文字は、下記のご協力書でご了解を得た文字のみを掲載しています。

文字サンプルを書くことご協力ください。

夢に向かって進むあなたを応援する、グラフォロジー（筆跡の法則）教本制作のために文字サンプルを集めております。

ご協力いただける方には、お名前のグラフォロジー１０分コーチングをプレゼントいたします。どうぞよろしくお願いいたします。

日本グラフォロジーコーチング 協会会長　飯田由美（玲菊）

https://www.facebook.com/iida.reigiku

下記の枠の中に**可能由道**とお書きください。

切り取り線↓

差し支えありませんでしたら、ご連絡先をお書きください。

お名前　　**性別**

年齢　　**ご職業**

ご住所

携帯電話番号

メールアドレス

魔法の言葉❸

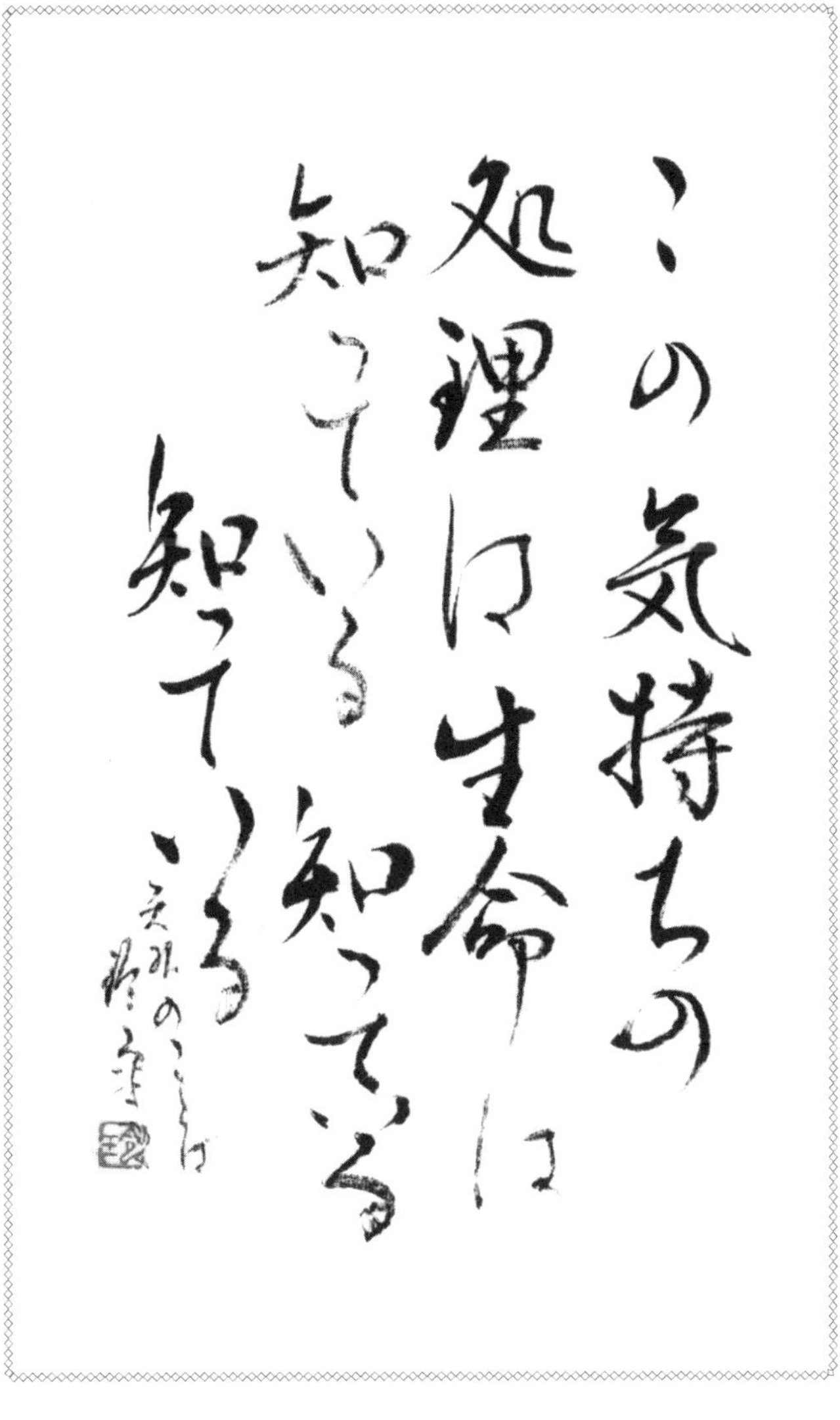
この気持ちの
処理は生命は
知っている知っている
知っている

魔法の言葉❸

――この気持ちの処理は、生命は、知っている、知っている、知っている

重い病気になった時とか怪我をした時、あまりに心に衝撃を受けた時、わたしは胸の奥にグーっと重いものを感じて、息苦しくなり、心のモヤモヤがおさまらないことがあります。

そんな時に、手を胸に当てて、その沸き起こる気持ちをしっかり味わって、「この気持ちの処理は＜生命は＜知っている＜知っている＜知っている＜生命は＜知っている＜知っている＜知っている＜生命は＜知っている＜知っている＜知っている」と発話します（＜はブレス）。

わたし達は不安や恐れ、悲しみや寂しさ、怒り、罪悪感など自分ではどう処理して良いかわからない気持ち＝感情エネルギーに振り回されることが多々あります。そんな時、この言葉を繰り返し発話してみてください。必ず心が落ち着きます。

魔法の言葉は「量子言語」と言って脳の神経回路を換える言葉です。

第4章

手書き文字を書き換えて運を開く

文字を書き換え
潜在意識を書き換える

わたしが藏本天外先生から、グラフォロジストとして認定されたのは2014年。先生から「お菊さんにグラフォロジー全部あげる」と言われてグラフォロジーをいただいたのです。その時の驚きと嬉しさ、不安と緊張感を今でも覚えています。

その後、日本の筆跡心理学、筆跡鑑定の状況を調べるために出版されている書籍をほとんど読み、2箇所の大きな判断基準の相違点を見つけました。それは「文字の大小に対する捉え方」と「ベースライン・文字の流れに対する捉え方」の違いです。そこから3年間、600人以上の方に協力していただき文字を集め、「お名前コーチング」を続け、継承した文字の法則に整合性があると確信したのです。

また、お名前コーチングと並行して全国7箇所でミニセッションやセミナーを開催し、同時に可能性科学大学校（現・PLT学院）で学生として、人の脳と心のメカニズム・コーチング技術・共鳴同化法・ホールネスケアを学びました。

このようにグラフォロジーに深く接しているうちに、文字を書き換え、クライアントに合った技術を用いてアプローチをすれば潜在意識が書き換わり、その人の本来の姿や未来のあるべき姿に導いていけることを確信するようになりました。

そこで、グラフォロジーと脳科学に基づくコーチングを合わせて「グラフォロジーコーチング」を体系化しました。

グラフォロジーは藏本天外先生の意識と無意識の深い研究に基づいて集約された Life Leading のミディアム（媒体）です。論拠性、確信性において一般の筆跡鑑定とは一線を画しています。

日本の筆跡診断や筆跡鑑定の本でも、筆跡を変えれば性格が変わると書かれていますが、それは経験値の集積の上での説明であって根拠性に乏しいのです。日本の筆跡研究者・魚住和晃先生が脳の働きと関連させた優れた研究を発表されていますが、残念なことに前頭前野の解説までで、脳中枢である大脳基底核内灰白質という潜在意識の領域までの研究はされていないのです。

本来の性格のオリジナルデータを導き出すグラフォロジー

性格は生まれ持ったものと多くの人は認識しています。果たして性格は生まれ持ったものでしょうか？

・性格は過去の記憶の合成
・性格は他人によって作られる

可能性科学大学校の授業でこの言葉に出合った時は衝撃でした。でもよくよく学んでみれば本当にそうなのです。

0歳から13歳までのクリティカルエイジに親や身近な大人や教師から様々な影響を受けて、思い込みや価値観ができるというのも事実です。１７００人以上のクライアントとのセッションを通して、この事実も検証しました。

今、生きているわたし達は皆、３歳まで愛情を受けて育ってきたことは間違いありません。そうでなければ、乳幼児は生存できません。でも残念ながらほとんどの人はそのことを記憶してはいません。

そして、その後の潜在意識に押し込めた情動記憶（より興奮を伴った感情記憶）や、感じなくさせてきた未処理の感情や様々な勘違いを起こしている記憶などにより、性格が作られていることは間違いありません。今の性格が生まれ持った性格ではないのです。

グラフォロジーを使って Leading をすると、本人に様々な気づきが与えられます。もともとＤＮＡに持って生まれた（性格の）強度分布、それこそがその人の唯一無二の本来の性格のオリジナルデータにほかなりません。そこまで手書きの文字から掘り起こしていけるのはグラフォロジーの深さであり、確信性なのだとわたしは断言いたします。

そして、この８年間で１７００人以上の方の文字を見せていただいて、セッションを繰り返し、グラフォロジーの奥行きの深さを改めて実感しています。

手書き文字の処方箋
手書き文字を書き換えて運を開く

ここでは実際の手書き文字から読み取れること、そして、文字を書き換えていくことで、筋肉の使い方を変えて脳のデータの書き換えを図っていく事例（手書き文字の処方箋）をいくつか紹介します。紹介する手書き文字の事例は、ご本人の承諾を得て掲載しています。

手書き文字の処方箋❶

両親からの心の縛りを外して、本当の自分を生きよう！

誰をも愛し愛され人をサポートしてきた50代半ばの素敵な女性です。でも彼女の本心は人からの評価という重いコートを脱ぎ捨てて、本来の表現者としての自分を生きていくことです。

ふわふわ雲のイメージで、文字をアップダウンさせて書いていています。まさに本

当の自分と人が評価する自分との間の気持ちの揺れのようです。人は勝手に相手にレッテルを貼り決めつけるものです。そして真面目で誠実な人ほど、人の貼ったレッテルを演じようとします。そして苦しくなってしまうのです。

心の奥底から、「本当の自分は違う。本当は表現者として生きたい！」と沸き起こってきています。本当の心の声に耳を澄ませましょう。心の奥底の押し込んできた本当の気持ちを抱きしめましょう。

この方は良くも悪しくも心の中の父親の存在、影響が大きな方です。まだ心の中から父親の影響を拭い切れていません。父親・母親の価値観で自分を縛っています。もうそろそろ、縛りを外しましょう。本当の気持ちを抱きしめ、「やる！」と決断することです。

◉文字から脳のデータを書き換える方法

①まず文字の大きさを同じにします。

②次に未来のデータにアクセスするために、文字の傾きをちょっとだけ右に傾けましょう。屈筋を意識して腕の筋肉の使い方を変えるのです。

③文字のサイズを2回り小さくして、文字間隔を少し空けて空間のデータが入るようにします。

④ベースラインは横に揃えて、最後の文字だけちょっと上にあげます。

この書き方に慣れましょう。ゆっくりですが脳のデータは確実に書き換わっていきます。

手書き文字の処方箋②

強いこだわりから脱して、未来に向かって歩もう！

30代半ばの男性です。小さい頃、父親を亡くし、おじさんの世話にもなりましたが母親が女手一つで育ててくれました。責任感があり、真面目で、頑張って生きてきました。誇り高く、こだわりがあるわりには親や周りの影響が強すぎて自己肯定感が低く、アンバランスな状態です。未来に向かって進もうと思いながらも、

まだ地に足がついていません。

「文字のハネ」がしっかりしているので、物事をやり切る力があります。「しんにょう」が止まっているので倹約家。ここ一番で払える器量を身につければ、情報の出し入れがもっとスムーズにいきます。

こだわりがやや強めで、おそらく無意識に自分の行動を制限してしまう思い込みも多いでしょう。緊張感が強く自律神経が整いにくい状態なので、呼吸を深くして、リラックスするトレーニングをしましょう。無意識に自分の行動を制限する思い込みを外すには、まず一度心理判断プログラムをして、心の抑圧度をチェックされることとお勧めします。そしてセッションを受けるのが近道です。

●文字から脳のデータを書き換える方法

①筆記用具を持つとき、力まないで肩の力を抜きましょう。

②線を真っ直ぐに書けるように、縦横ブレずに直線で書く練習をしましょう。

③起筆にこだわらず、スーと線を運ぶ要領で書きましょう。
④四つの文字の大きさを揃えます。表現者になる場合は「能」の文字の大きさでも構いませんが、人との関係性を大事にする場合は「由」の文字のサイズで書きます。
⑤そして「由」の上に突き出る線をもう少し短くして、文字のバランスを整えましょう。
⑥用紙の右空間が詰まらないようにして４つの文字間隔を空けます。
⑦ベースラインが右上がりになっていると、思いだけ（妄想）で、現実化が難しくなります。ベースラインは真横に水平にして、最後の文字だけ少し右にあげるように書きましょう。

手書き文字の処方箋❸

父親へのマイナスの感情エネルギーの変換・転換を！

この書き手は離婚歴のある四十代半ばの女性です。二人の子育てをしながら共働きをしています。彼女の今の関心事はパートナーシップです。

まず文字を観てみましょう。文字が大きいです。表現力は豊かですが、自分が思っ

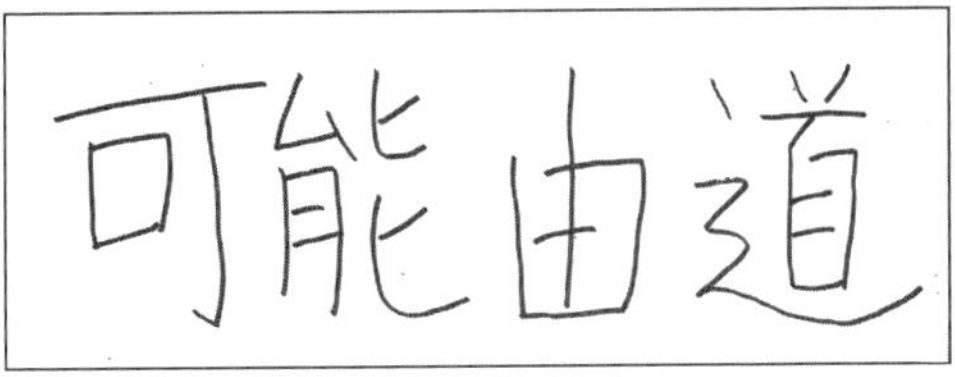

たことをすぐに表現するので、人の話を聞かない傾向があるかもしれません。子育ての時は一呼吸待って言葉を出しましょう。そうしないと下手すると過干渉になり、子供の意欲や自己肯定感を潰しかねませんから。

「可」が大きく、左に傾いています。これはおそらく過去の記憶、なかでも父親に対するネガティブな感情記憶が残っていて、目の前の男性を全て父親像を通した色眼鏡で見ているのでしょう。離婚の原因も、もしかしたら本当の相手の姿を見ていなかったからかもしれません。男はこういうものだという思い込みです。今のパートナーシップの課題も同じかもしれません。離婚を繰り返さないためにも、心の中に押し込めてきた父親に対するマイナスの感情エネルギーを変換・転換する必要があります。

「可」や「由」の長い縦線のブレが目立ちますし、他の字の縦線もすべてブレています。呼吸の乱れと人差し指の使い方によるものでしょう。これは自分軸がブレていることを表しています。

「可能」に比べて「由道」が小ぶりです。これは自己肯定感の低さを表しています。表現力があるのに、自己肯定感が低いのはもったいないことです。自己肯定感が低くなった原因は13歳までの感情記憶にあります。心を深く掘り下げて、心の詳細を把握することが大切です。また、人から褒められたこと、自分で自分を褒めることを書き記す「自己肯定感ノート」を毎日書くのも効果的です。

文字によってハネが止まっています。物事を最後までやりきれない状態になるので要注意です。また、「しんにょう」が止まっていますので倹約家かもしれませんが、豊かに与えて、豊かに受け取るようにしていきましょう。

このタイプの人は、どちらかというと「自分が正しくて、相手を変えよう」としがちです。レベルアップするのはまず自分です。相手を変えようとするのはトラブルの元です。

●文字から脳のデータを書き換える方法

①文字の大きさを2回り小さく書き、文字間隔を空けて周りの情報が入るようにします。

②縦画を真っ直ぐに書くようにするために、呼吸を整え人差し指の使い方に注意します。

③４つの文字の大きさを揃えます。こうすることにより、今より自己肯定感がアップします。

④ハネをしっかり書き、物事をやり切る心にしましょう。

⑤「しんにょう」の払いを綺麗に抜いて書くと情報の出入りがスムーズになります。与えることによって得られるものが大きくなります。

⑥文字を垂直に書いていると、自分の価値観の正しさを曲げなくなります。ちょとだけ文字の中心軸を右に傾けて書いてみましょう。

手書き文字の処方箋④

不安や寂しさや悲しさを知り、本当の気持ちを大事に！

50代に入った離婚歴のある女性。健気に二人の子供達に毎月８万円もの養育費を送っている責任感のある長女タイプの素敵な方です。

細やかな気遣いもあり能力も高いのに、なぜか好きなこと、やりたいことを始められない、長続きしないとのこと。仕事では、もう少し強めに交渉した方がいいところでも引いてしまう。また、直属の上司とのコミュニケーションがスムーズに取れずに、仕事で思うような成果が出せなかったとのことです。

心の奥底に突き放されることの不安や寂しさや悲しさを抱えていて、人間関係でのトラブルが起こると、自分が引けば事が荒立たないという選択をいつもしてきたそうです。嫌を嫌と言えないのは、人にどう思われるかが気になり、孤立するのが怖いからです。

可能 由道

両親は共働き。父親は母親をとても大切にされるフェミニストで子煩悩。まだ女性が外で働くことが一般的でない時代、男女同一賃金の組織に勤めていた母親は出産するとすぐ、乳児院に数ヶ月彼女を預けました。育児と仕事の両立に自信がなかったからだそうです。

そして、会いに行くのは1週間にたった一度。『乳児は肌を離すな』ということをご存知なかったのです。乳児でも全てを感じています。人間の皮膚は潜在意識の役割と意識のセキュリティーの役割を果たしているからです。おそらく彼女の持つ根深い突き放される不安や寂しさ、悲しさは、乳児院時代の数ヶ月に潜在意識に深く刻み込まれてしまったに違いありません。

数ヶ月後母親が乳児院に訪ねて行った時、娘がぼーっと何か見つめている状態を見て、慌てて家に連れ帰って自分達で子育てをすることにしたそうです。後年、母親が異常に心配性になったのも、もしかしたらその時の後悔からかもしれません。

また、父親は「お母さんは弱いから無理をさせてはいけない」と娘達に常々話していたそうです。男性に負けないでフルタイムで働ける体力があるのですから、そんなに体力がなかったわけではないでしょう。彼女は父親に言われた通り、母親を守らなくてはいけないと思い、家に帰っても母親がいない寂しさを口に出さずに心の奥底にいっぱいため込んできたそうです。

彼女の心の奥底には、生まれたばかりの乳児の時に皮膚の細胞レベルに刷り込まれた「寂しさ・悲しさ」があるので突き放される不安を倍加させていたのです。

彼女の離婚の原因は、生い立ちが辛く厳しかった相手の周波数と自分の乳児院での不安や寂しさ・悲しさの周波数が共鳴して結婚しましたが、あまりにも違う育ちや親子関係で理解し合うのが難しかったからでしょう。今では乳児園での感情記憶がリセット済みなので、同じようなことは起こりません。

自己肯定感を上げるために、人から褒められたこと、自分で自分を褒めることを書き記す「自己肯定感ノート」を作成していきましょう。

ご自分の本当の気持ちを大事にして、ネガティブな言い癖や考え癖が出てきたら、こまめに魔法の言葉を発話してリセットしましょう。

◉文字から脳のデータを書き換える方法

①文字が左に傾いているので、過去の記憶を出しやすくなります。文字の中心を7度ぐらい右に傾けましょう。
②文字サイズは、客観的に周りを見れるサイズなのでこれでいいですが、4つの文字の大きさを揃えましょう。

③自己表現をしたいときは2周り大きく書くと、自分の言いたいことが素直に伝えられるようになります。
④文字の空間がつまりぎみなので、もう少し用紙の右側に空間が埋まるぐらいに文字間隔を空けましょう。

手書き文字の処方箋⑤

幼い頃の抑圧から脱して、本来の自分の生き方を!

過去に父親や教師から抑圧を受けた60代の男性です。

この方は、穏やかで、融通性・表現力もあるのに、なぜか仕事の上での対人関係で思うようにいかなかったり、やりたいことを思いっきりできないできました。セッションを受けたので心のブラックボックス(無意識の中に押し込めたマイナスの感情エネルギーが押し込まれている箱のイメージ)の蓋が開きました。

今でもふと思い出す記憶の中の父親や教師の言動。父親や男性を表す「可」という文字が他の文字と全く異質です。いかに緊張して襟を正して父親や教師に向き合ってきた様子が手に取りようにわかります。かなりの抑圧を受けてきたのです。

「能」の文字が偏と旁《つくり》がバラバラなので、母親は二面性があり、父親に向ける顔と自分に向ける顔が違っていたのでしょう。母親から父親によく告げ口されて、父親からひどく怒られたことが度々あったそうです。

無意識に刷り込まれたものは、毎日の生活の上で様々な影響を及ぼします。60年もの長い間貯めてきたのです。胸腺に浮かんでくる心の反応（マイナスの感情エネルギー）を一つひとつ変換・転換していけば、本来の自分に相応しい生き方ができるようになります。

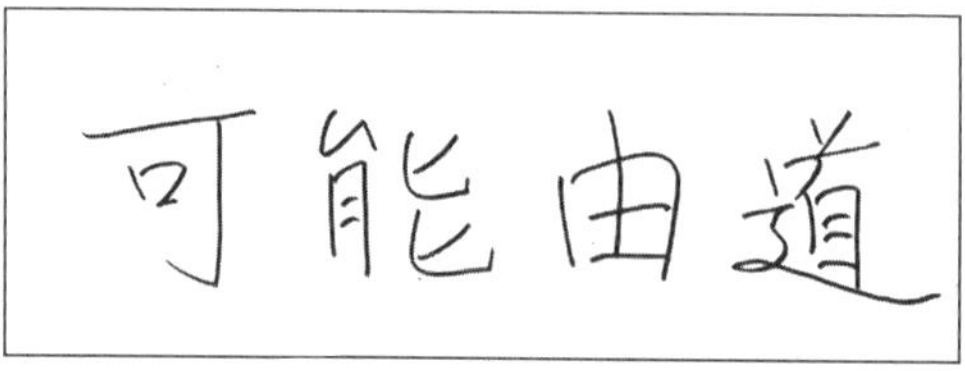

◉文字から脳のデータを書き換える方法

①文字の表情を同じにして、大きさを揃えます。

②右端が詰まるので未来からの情報が入りません。文字サイズをもう一周り小さ

くしましょう。そして文字と文字の間も等間隔に空けます。

③接筆で点画の下の部分が開いているところは、情報が出ていってしまうので閉めます。上の部分は空けて大丈夫です。

④文字が左に傾く傾向があるので、中心線がちょっとだけ右に傾けるように書きましょう。そうすると過去の記憶が出にくくなります。

⑤「由」の中心線も直線にしてすっきりと書きましょう。

⑥「能」の偏と旁の組み合わせ、バランスを整えましょう。

⑦「しんにょう」は気持ちよく抜きましょう。豊かに与えて、豊かに得るイメージです。

⑧ベースラインが山型になるのは、最後で肘を下に引く癖があるからです。物事が最後までやれない「三日坊主的」になってしまいます。ベースラインは横に水平になるように文字を書き、最後で上にちょっと上げます。そうすると肘が前に入っていくので屈筋が使えます。副交感神経と連動し、リラックスするので良いアイデアが出やすくなり、未来に向かっていくことになるでしょう。

自己肯定感が低い状況からの脱却を！

いくつになっても親からの呪縛から解放されていない男性。父親が設立した事務所を継いで事業をされています。父親は既に他界。世間体や常識的な考え方に固執する傾向のある父親との心の中での確執がいまだに強いのです。

本人は穏やかで未来思考。人の話もよく聞くタイプですが、自分の中にはあまり人を立ち入らせたくありません。お金が入ってきても、出ていく状態にあります。母親は二面性があり、父親の前では父親の側についたことも多かったでしょう。過去の感情記憶の抑圧が強いため、今でも物事をやり切る力が抑えられて、物事をはしょる傾向にあります。そのためか本人の自己肯定感は低く、ベースラインが小高い丘のような状態なので、今は物事がやり遂げられない状況にあります。実にもったいないです。

記憶を占めている親に対するマイナスの感情エネルギーを変換・

転換する必要があります。まずは心理診断プログラムをして、無意識に行動を制限するどんな思い込みがあるかをみてみましょう。ご自分で思い込んだ思い込みですから、外すことはできます。丸い地球には夜も朝も昼間も夕方もあります。見方を変えれば、父親を認めていくことができるでしょう。親を認めて親を越えていくのがＤＮＡの進化の法則です。親に感謝できるようになることが一番大切なことですね。それにはネガティブな出来事を、いかに感謝できるようになるかです。

◉文字から脳のデータを書き換える方法

①呪縛から開放するために、「可」の文字の傾きをちょっと右に傾けます。

②認知脳科学からのアプローチで４文字の大きさを揃えます。すると自己肯定感も上がります。

③物事をやり遂げるために、「止め」「ハネ」「払い」をしっかり書きます。

④きちんとしなくてはならない時は、もっと「折れ」をしっかり角張って書きます。

⑤ゆるゆるリラックスする場合は今のような「折れ」でいいです。

⑥人間的器を大きくするために、丁寧に器の大きなたっぷりした文字を書きましょう。

【筆の持ち方】

初心者に筆の持ち方を伝えるとき、一番難しいのが手首を腕に対して直角にすることです。それで「不動明王の印」や「大日如来の印」をまず組んで、手首を腕に対して直角にする感覚をつかんでください。

①不動明王の印から学ぶ

■筆の持ち方首を直角にする感覚をしっかり身につけます。

②金剛界の大日如来の印から学ぶ筆の持ち方

■筆管のてっぺんに人差し指を持っていく変わった筆の持ち方ですが、手首が必ず直角になるので筆に任せた線が引けます。

文字の書き方を変えやすくする筋肉の運動

【屈筋をトレーニングする運動】

多くの人は屈筋という腕の裏の筋肉を使っていません。その屈筋をトレーニングする運動を二つ紹介します。

①イヤよイヤよ運動

横から見たポーズ

■肘で相手を攻撃する肘鉄を思い出してください。
■この時大事なのは肘を自分の体の斜め前横に突き出すことです。
■手首が腕に対して直角になることが大切です。
■「イヤよ、イヤよ」と言いながら肘を突き出します。

②イェイイェイ運動

■腕の裏を自分に向けて脇を締めて、体の内側に向けて「イェイイェイ」と言いながら腕を上下させます。

コラム 幸せになるための感謝のワーク

人間をとりまく宇宙は生成と還元を繰り返しています。わたし達の潜在意識の中のマイナスの感情エネルギーも、宇宙の仕組みと同じように生成と還元を繰り返すことができます。マイナスの感情エネルギーは変換・転換ワークをすることによって、人生をより豊かにしていくエネルギーとして使えるようになるのです。

感謝ができるようになると、皆、一様に運命転換が起こります。それを定着させるのが「感謝のワーク」です。

２０２０年の3月13日から「感謝のワーク」を続けてきました。感謝は宇宙の縦軸、ありがとうは現象として現れる横軸のことで、感謝とありがとうを同時にすることがミソです。

感謝のワークをするようになってから、人格否定されるような不快なことも感謝に変えられるようになってきています。日常的に感謝していると、コロナ禍でも不安を感じず、運気が上がっていくのを実感します。お試しになりませんか？一人でできない方は、「身の回りの人やものを当たり前ではなく、ありがたく思う」という視点のロンダ・バーン著「ザ・マジック」を読みながら進めるといいかも知れません。

魔法の言葉❹

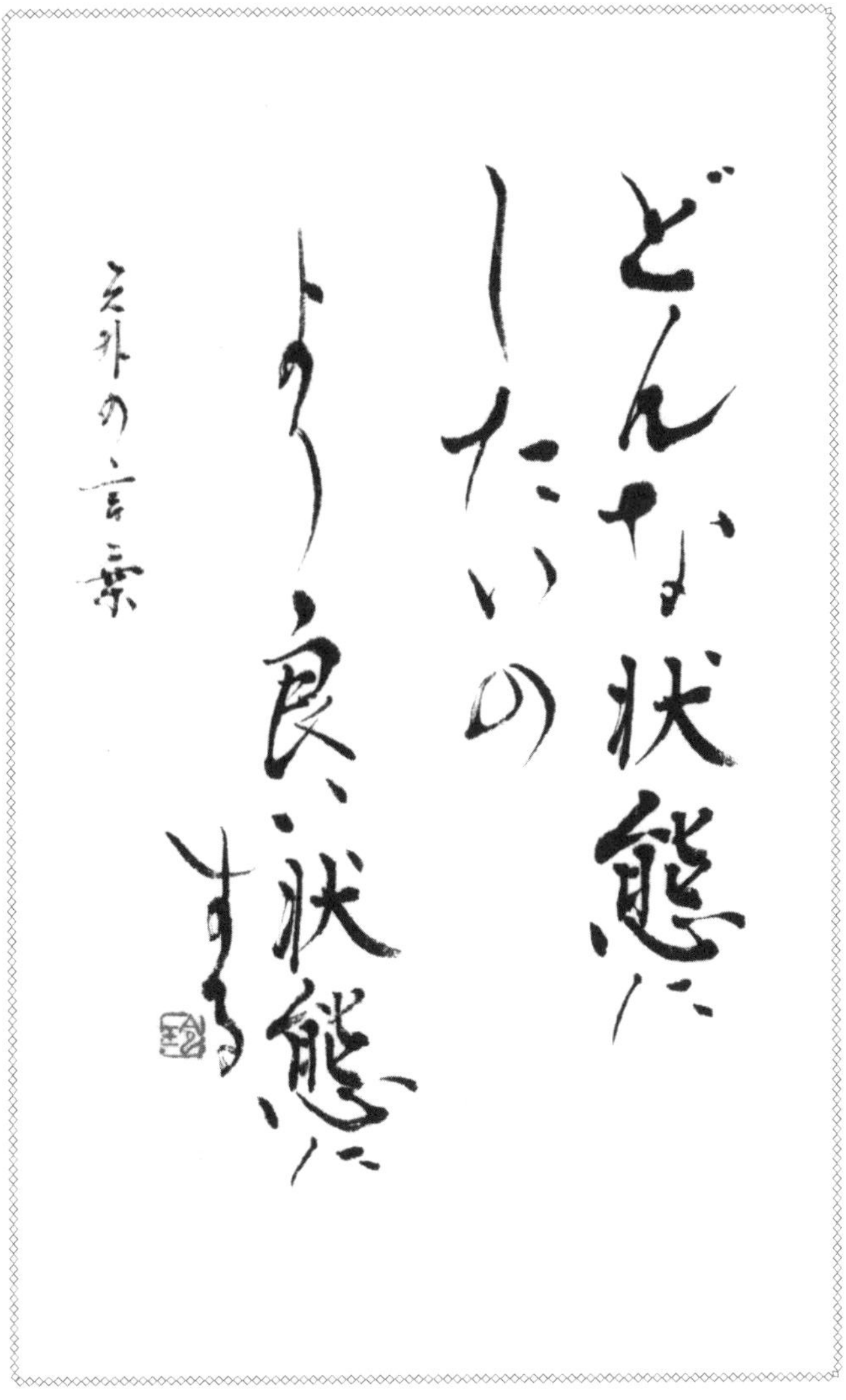
どんな状態に
したいの
より良い状態に
する
魔法の言葉

魔法の言葉❹

――どんな状態にしたいの？ より良い状態にする

わたしはこの言語を物事が前に進まないような、追い詰められた状態の時によく発話しています。

この世に良い悪いなんて本当はないのにも関わらず、良い・悪いで物事を見がちです。今の状態より、ちょっとでも良ければより良いのです。心に無理がかかりませんし、自我も動き出しません。

病気もそうです。わたしの右足はヒマラヤ岩塩の岩盤浴で脱水になり、リンパの流れや血流が悪くなり動かなくなりました。半年のリハビリで、今はしゃがめるまで回復。その時、「どんな状態にしたいの？ より良い状態にする」と毎日発話していました。あなたもいき詰まった時、ちょっと使って試してみてください。

魔法の言葉は「量子言語」と言って脳の神経回路を換える言葉です。

第5章
人生を物語る手書き文字の変遷

人生の移り変わりの中で文字も変化していく「読書記録」から心の変遷を読み解く

書棚の奥に仕舞い込んだ「読書記録」を見て、わたし自身が驚いたことがあります。それは長い人生の折々の心の変化によって、文字が激変していることです。手書きの文字の法則を知らない時に何気なく書いてきたメモのような「読書記録」だからこそ、潜在意識がそのまま表れていたのでしょう。

手書きの文字は固定されるものではありません。その折々の呼吸が違うので変化していきます。だから文字から心のSOSもわかるのです。皆さんもご一緒に、わたしの「読書記録」の文字から心の変遷を読み解いてみませんか?

(高校時代の文字の変化)

高校1年・2年。クラスも部活も楽しく青春を謳歌した時代です。罫線いっぱいに書かれた丸文字。ペンの持ち方が悪く、親指の脇で抱え込んで書いていました。そのため親指の指先を使わず、脳のスイッチが使えていません。自己肯定感は高く、おおらかで大胆、人間関係力はあるが極めて主観的です。行間が狭いところを見ても、人の話を聞けていなかったと思います。

高1の時はユーミン（松任谷由実）と一緒に

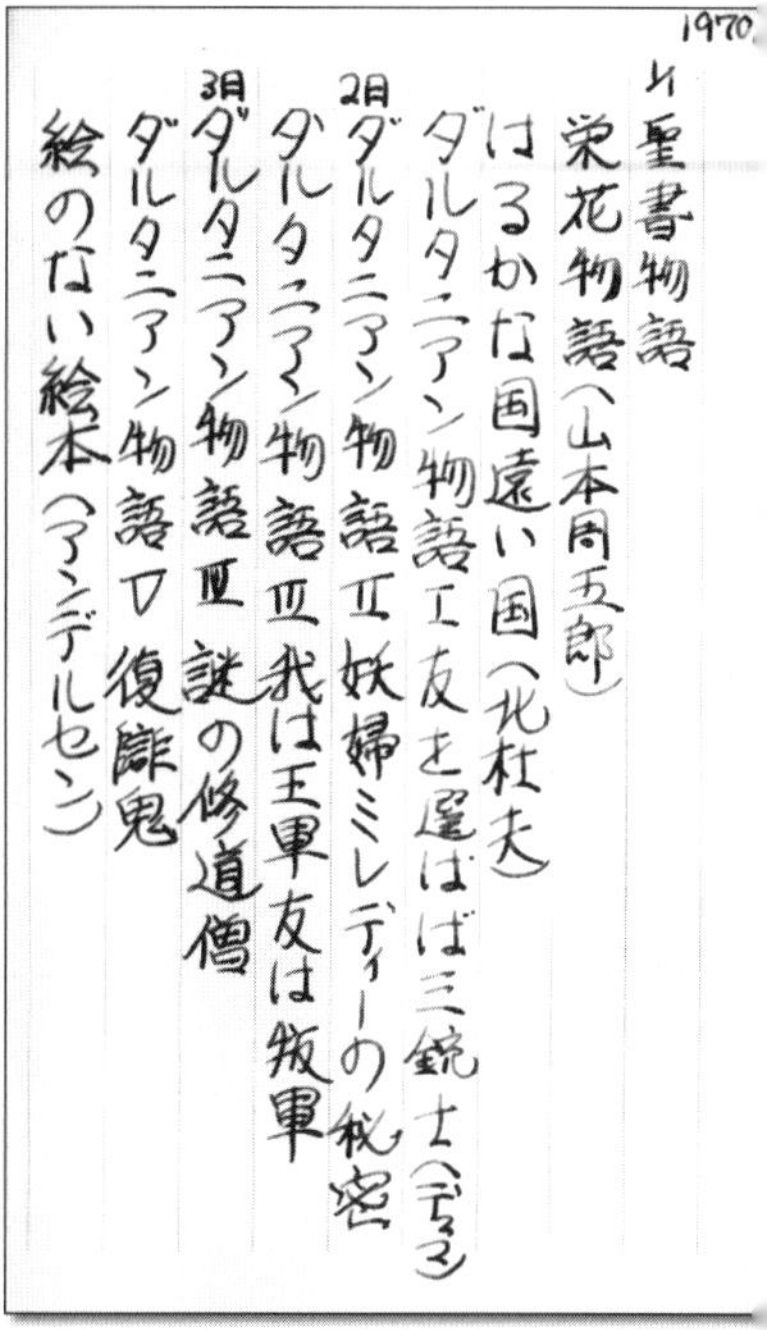

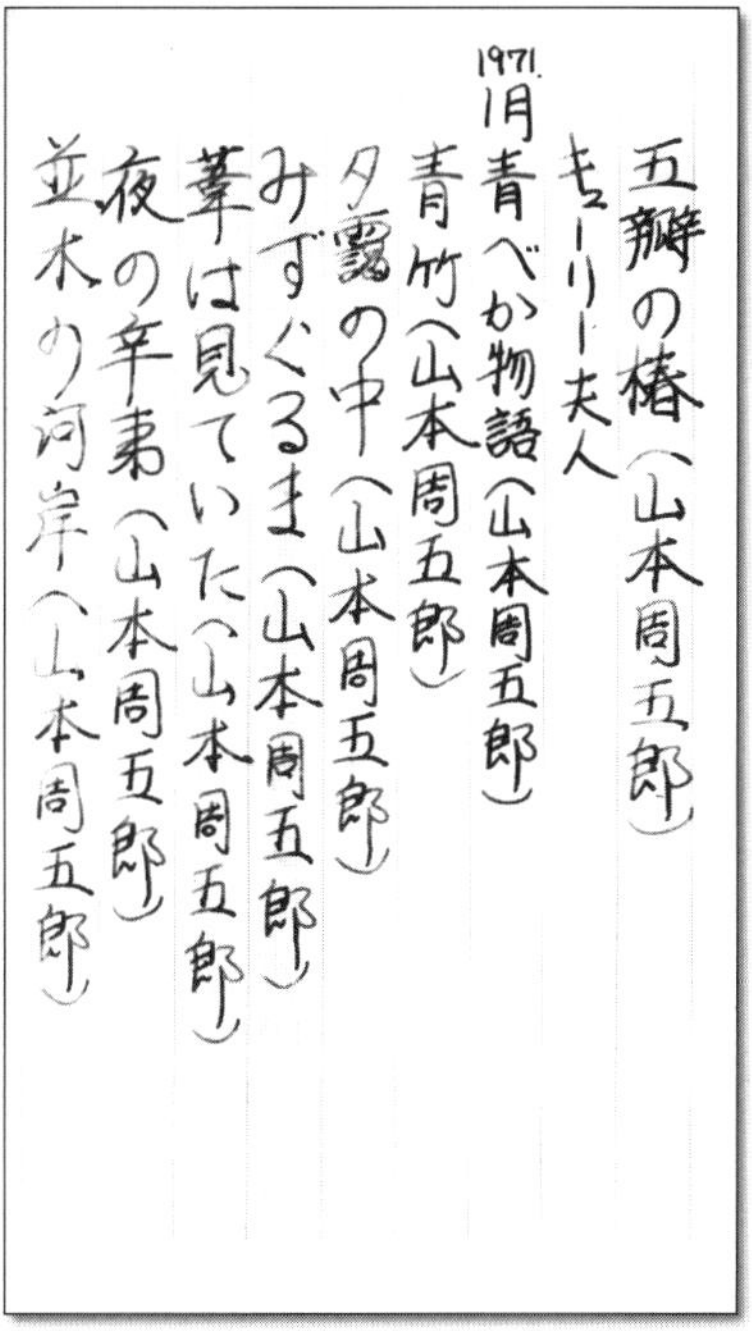

▲高校1年・2年。罫線いっぱいに書かれた丸文字。自己肯定感は高く、おおらかで大胆、人間関係力はあるが極めて主観的です。行間が狭くて人の話を聞けていなかったことが分かります。

担任の国語の先生相手によく論戦を繰り広げていました。先生は講堂でこの学年を前にして「あなた達は緑の丘で遊ぶ紫色の豚です」と、のたまわりました。懐かしい思い出です。

　高校3年。潰れた生徒会を立て直すという重責を担った生徒会長時代です。生徒側と学校との考え方の調整などで板挟みになり苦労した時期でした。文字サイズがやや小ぶりになり、行間に余白ができています。立場上、調整役として相手の話をきく必要があったからでしょう。

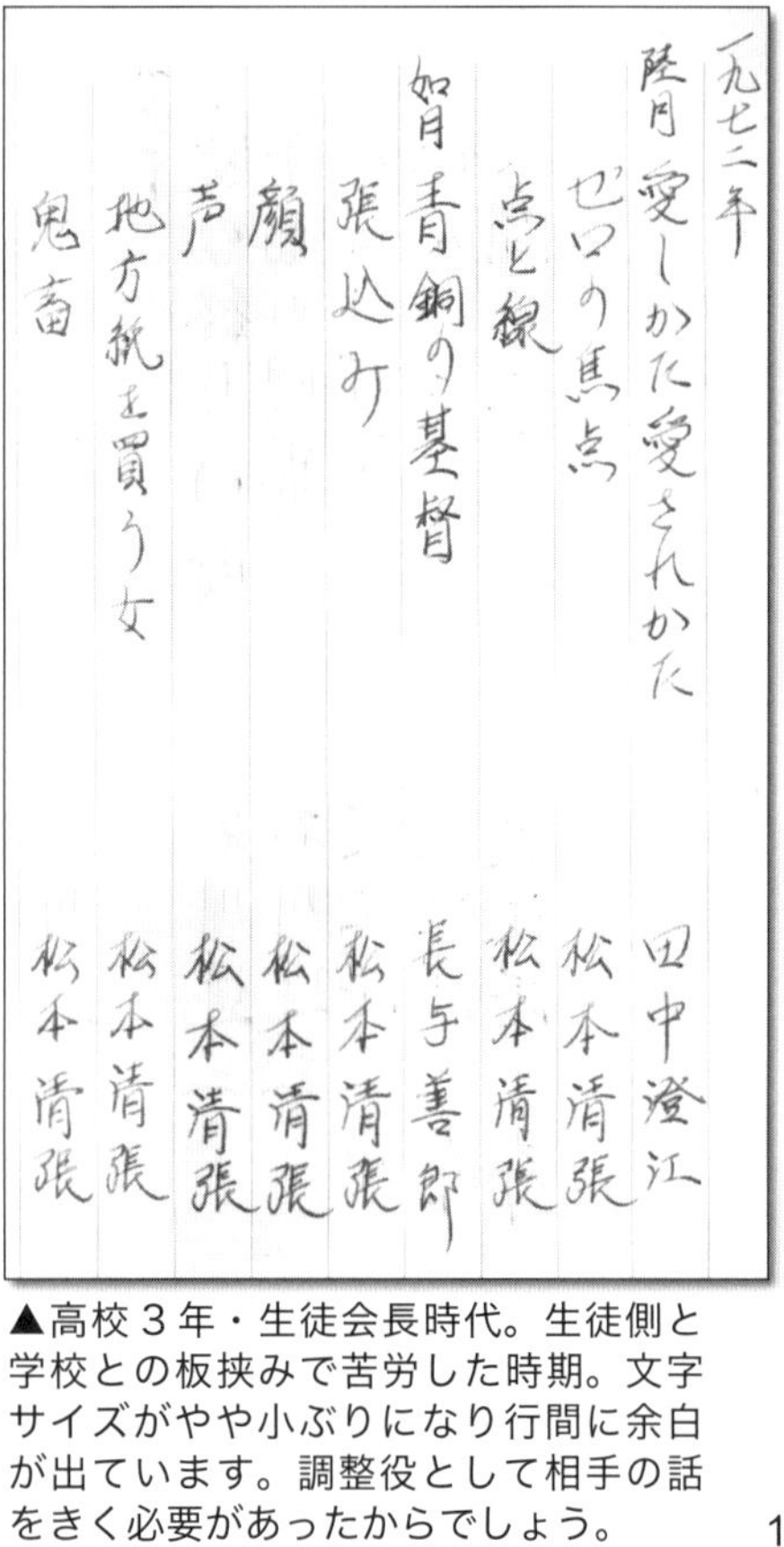
一九七二年
睦月　愛しかた愛されかた　田中澄江
ゼロの焦点　松本清張
点と線　松本清張
如月　青銅の基督　長与善郎
張込み　松本清張
顔　松本清張
声　松本清張
地方紙を買う女　松本清張
鬼畜　松本清張

▲高校３年・生徒会長時代。生徒側と学校との板挟みで苦労した時期。文字サイズがやや小ぶりになり行間に余白が出ています。調整役として相手の話をきく必要があったからでしょう。

（大学時代の文字の変化）

大学2年～3年。女子校から男子校に行った感じで、環境が激変した時代です。世の中には多様な考え方、生き方があることを知った頃です。そんな中で、「わたしはわたし」という真面目な女子大生を演じていたかもしれません。

マルクス経済学に全く面白さを感じず、とにかく卒業単位取得のために勉強しただけでした。

3年で経済学部の卒業単位を取

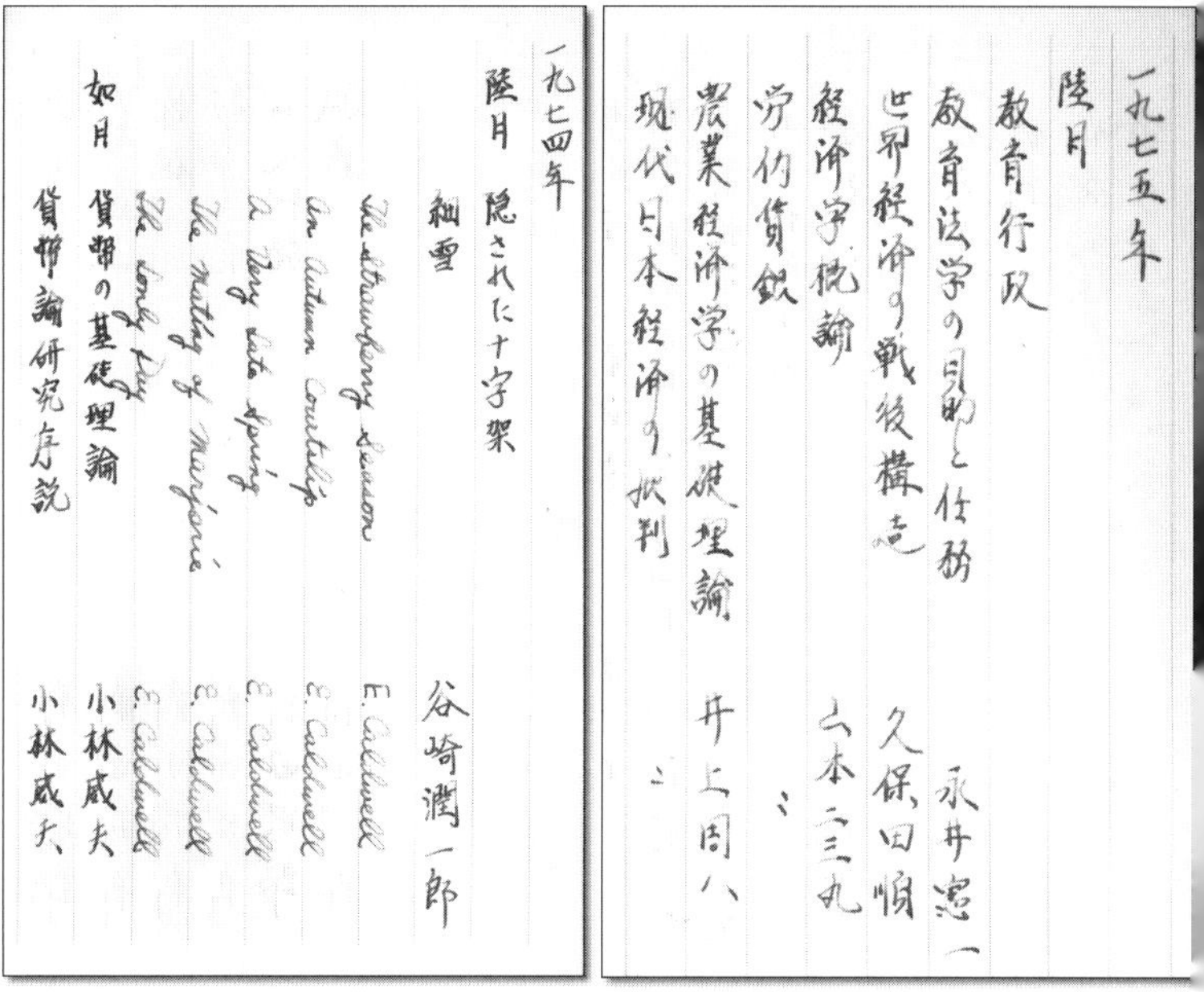

▲大学２年・３年の時の文字。環境が激変し、世の中には多様な考え方、生き方があることを知った時代でした。

得。その一方で書道研究会のクラブ活動に没頭していました。違った環境で育った仲間に、自分の本当の気持ちを伝えることが下手で、人間関係は本音のところではスムーズにいきませんでした。自分自身、本当の自分の気持ちがわからなかったのかもしれません。

時間があると、国立博物館の東洋館に行って本物の書を観ていました。この頃は、書の気韻は肌で感じていましたが、書の本質はまだ理解できていませんでした。

大学4年。5月からアメリカで4ヶ月過ごし、当時のアメリカの自由で寛容な雰囲気に心地良さを覚えました。「自由で寛容なこ

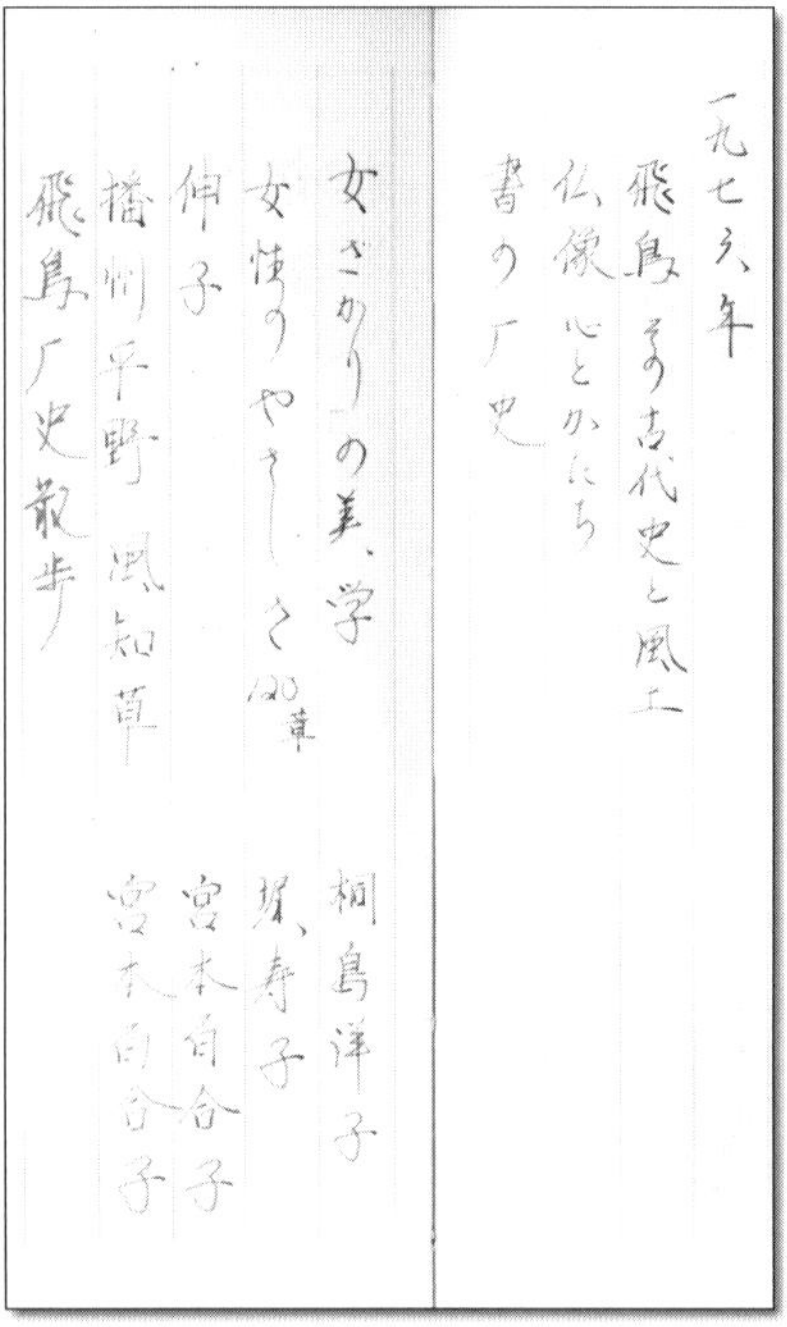

▶大学４年。アメリカで４ヶ月過ごし、アメリカの自由で寛容な雰囲気に心地良さを覚えました。文字も穏やかな伸びやかさを感じます。

とが一番好きなんだ」と知った時でした。あの戦後最大の就職難の時代に、伯父の紹介でしたが就職も決まっていました。文字から見ても穏やかな伸びやかさを感じます。

（就職、失職、結婚……変化する文字）

就職して2年目～3年目。同期の仲間に恵まれ、仕事にも慣れ、自立した楽しい時代です。行間もほどよく空いて、周りの声がよく聞こえている様子がわかります。

就職して4年目。失職と婚約の破談が重なり、失意

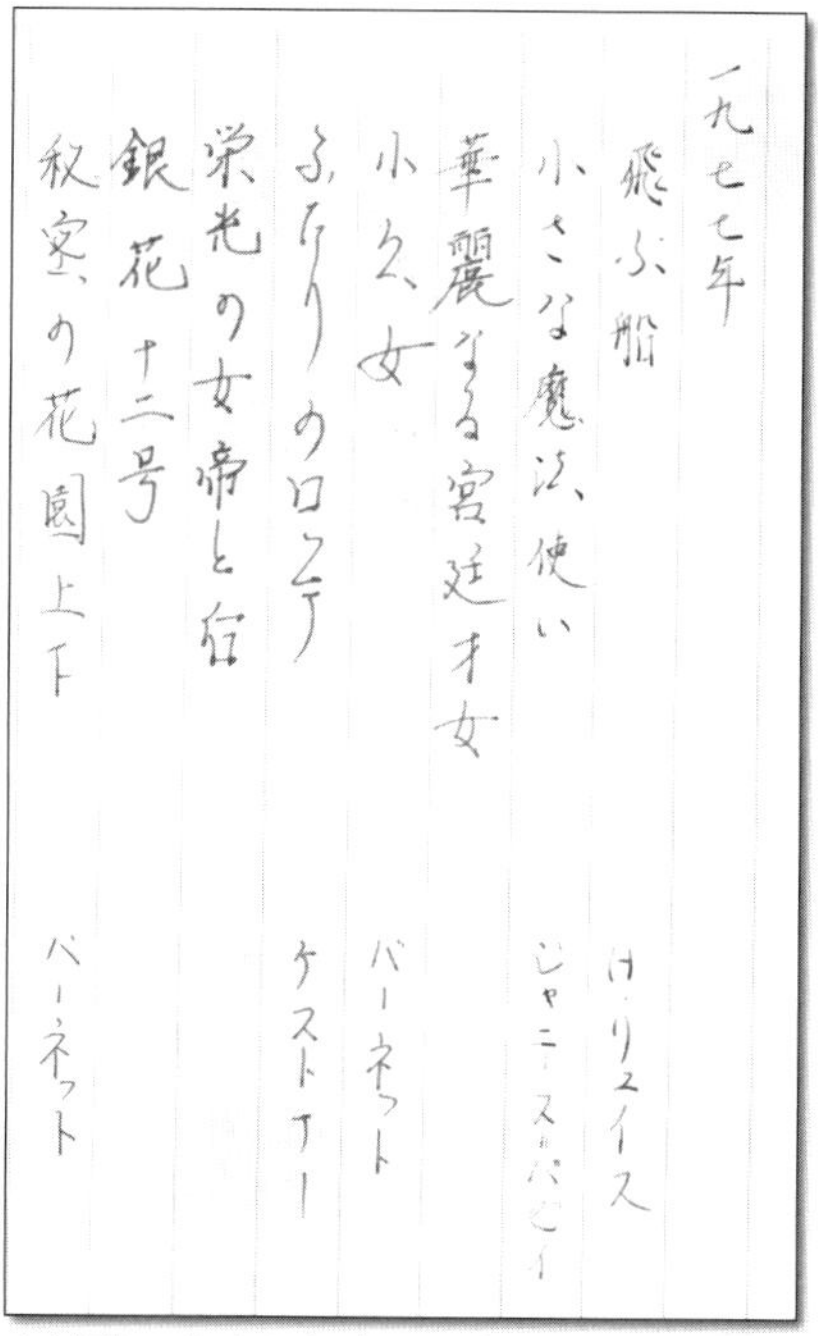

▲就職・自立した楽しい時代。行間の空きもほどよく、周りの声がよく聞こえています。

のどん底にいた時。救いをキリスト教に求めていました。文字が固く、そして小さくなっています。人に自分の気持ちを話したくなくなっている時でした。

そして、高校の書道科の教員免許を取るために動き出します。自分を救うのは自分しかないと思い、一人でも生きて行けるようにと学び出しました。経済学部を卒業しているので、まずは社会科の免許からしか取れません。東洋大学の通信過程で学び出した時です。少しずつ、筆圧が回復しているのがよくわかります。28才で社会科高校一級免許を取得。文字が大きく

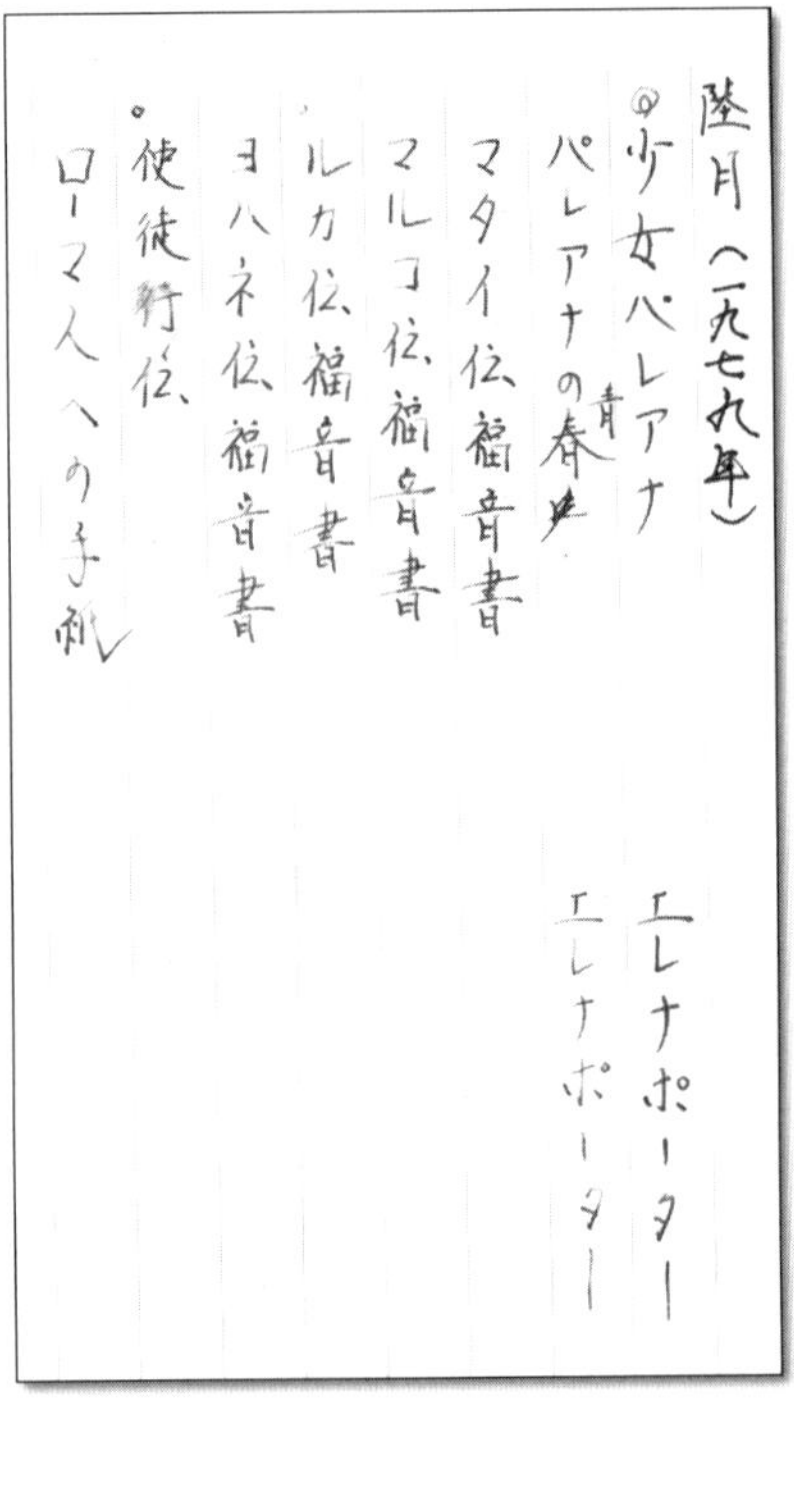
陸月（一九七九年）
◎少女パレアナ
パレアナの青春
マタイ伝福音書
マルコ伝福音書
ルカ伝福音書
ヨハネ伝福音書
・使徒行伝、
ローマ人への手紙
エレナポーター
エレナポーター

▶失職と婚約の破談が重なり失意のどん底。文字が固く、小さくなっています。

なって、バランスがよくなっているのがわかります。自分の足で生きる自信を回復した時でした。

29才。この年に結婚。2月にお見合いをし、3月に婚約し、5月に結婚。

7月に祖母が他界。10月に父が他界。祖母と父がわたしの結婚を待って他界したことに感謝した年でした。文字は少し硬めで新しい生活に対する緊張感を感じます。

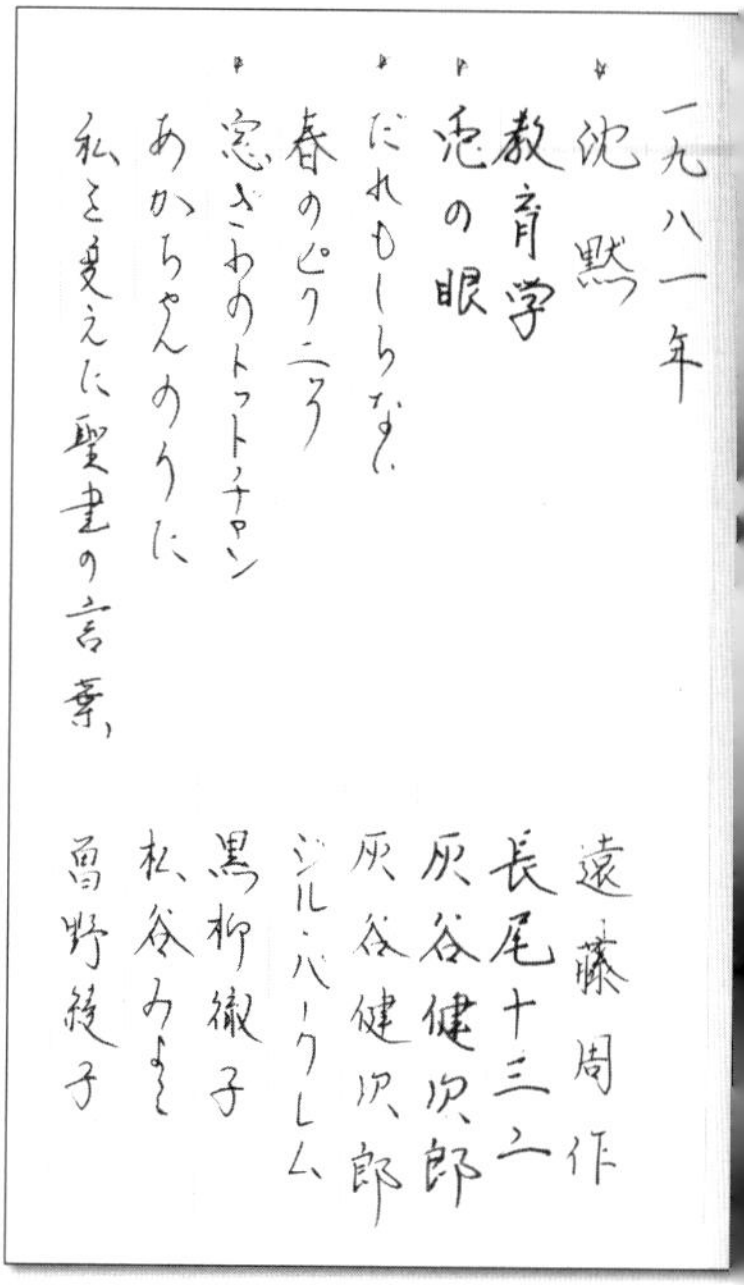
一九八一年
沈黙　遠藤周作
教育学　長尾十三二
心の眼　灰谷健次郎
だれもしらない　灰谷健次郎
春のピクニック　ジル・バークレム
窓ぎわのトットちゃん　黒柳徹子
あかちゃんのうた　松谷みよ子
私を支えた聖書の言葉　曽野綾子

▲社会科高校一級免許を取得し、生きる自信を回復した時。筆圧が回復して文字が大きくなり、バランスがよくなっています。

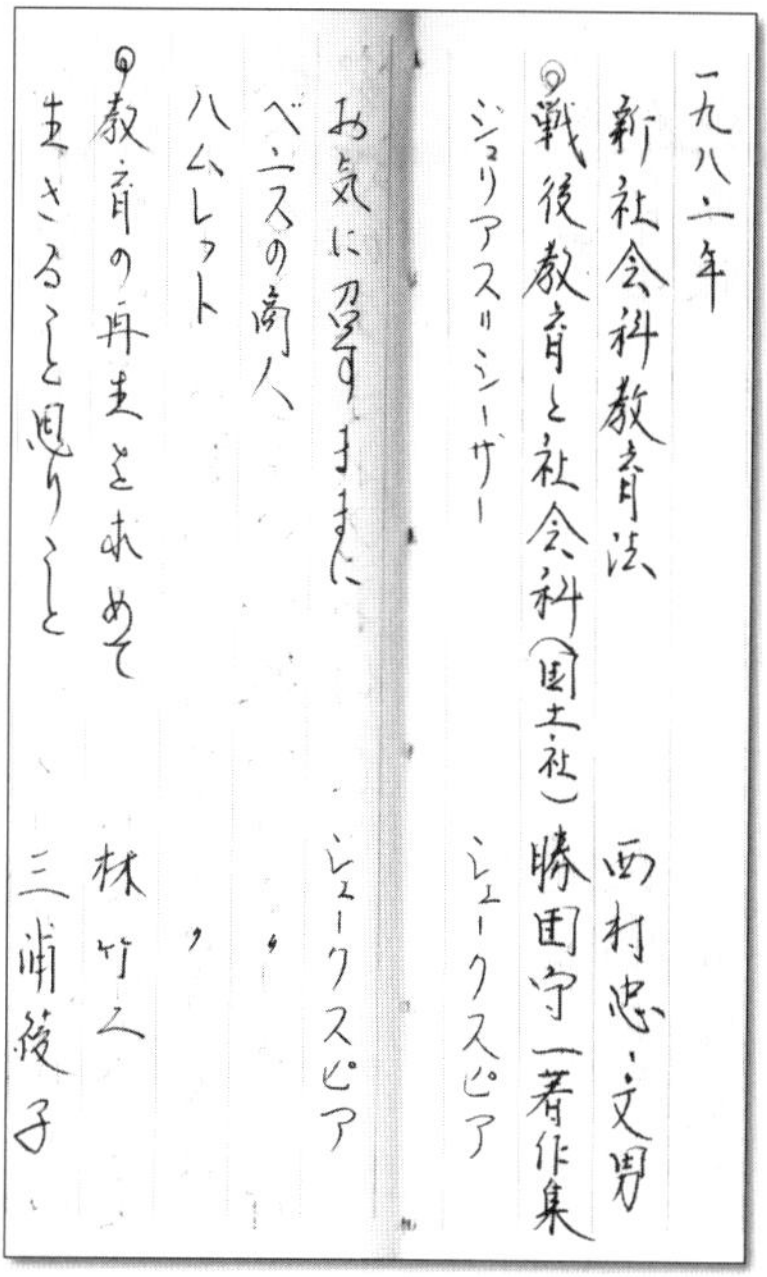
一九八二年
新社会科教育法　西村忠・文男
戦後教育と社会科(国土社)　勝田守一著作集
ジュリアスシーザー　シェークスピア
お気に召すままに　シェークスピア
ベニスの商人　〃
ハムレット　〃
教育の再生を求めて　林竹二
生きることと思うこと　三浦綾子

▲29歳。結婚。父と祖母が他界。文字は少し硬めで新しい生活に対する緊張感を感じます。

（子育てと書道科教員免許取得、そして書の道へ）

30才。息子が生まれた年。文字が丸みをおび穏やかになっています。子育てが楽しく充実した毎日で心が穏やかになっていたのでしょう。

36才。教育課程の改訂で書道科教員免許をとる最後のチャンスの年。それはまだ下の子が2歳で子育ての大変な時期でもありました。20代に本当に頑張って基礎免許を取ったという思いが強く、無理を押して法政大学の通信教育部に入学。

子供達が眠った後、眠い目を擦りながらレポートを書く日々が続いていました。子供達は毎日、世田谷区内の公園をめぐって

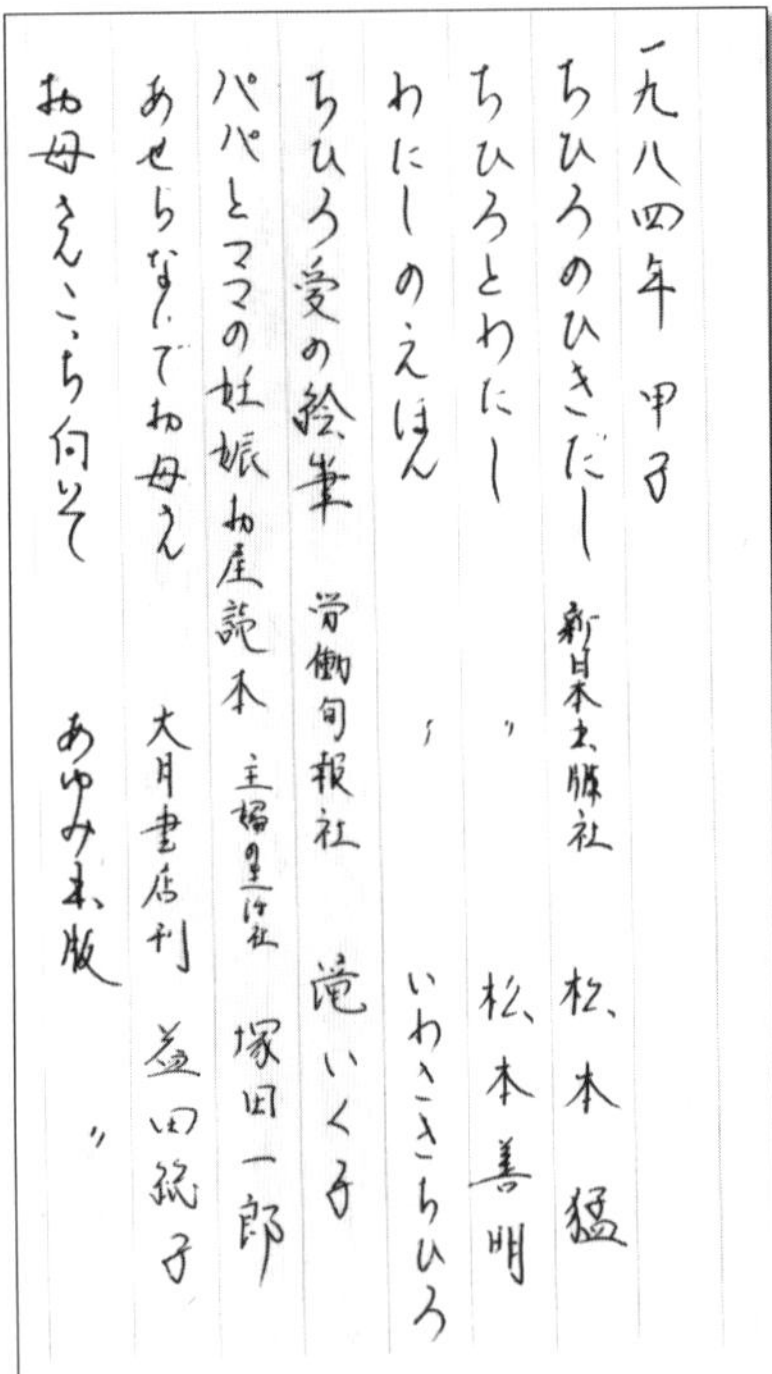
一九八四年 甲子
ちひろのひきだし 新日本出版社 松本猛
ちひろとわたし 〃 松本善明
わたしのえほん 〃 いわさきちひろ
ちひろ愛の絵筆 労働旬報社 滝いく子
パパとママの妊娠お産読本 主婦の友社 塚田一郎
あせらないでお母さん 大月書店刊 益田総子
お母さんこっち向いて あゆみ出版 〃

▲30歳。息子が生まれた年。文字が丸みをおび穏やかになっています。子育てが楽しく充実した毎日で心が穏やかになっていたのでしょう。

遊ぶ「遊びの会」に通っていました。一緒に公園で過ごしたり、自転車で片道20分の距離の送り迎えをしていた、かなりハードな日々でした。

一方、必修で日本文学も学ぶことになり、人間の心の奥を見るような文学作品にも触れるようになりました。そして、自分のパートナーシップに対しても目がいくようになり、悩みが深まった時期でもあります。文字的には中心の通った文字を書いているので、自分の正しさを押し付ける傾向があったと思います。

37才。念願の高等学校教諭一種免許状書道を取得。書道を教える上での自信になりました。

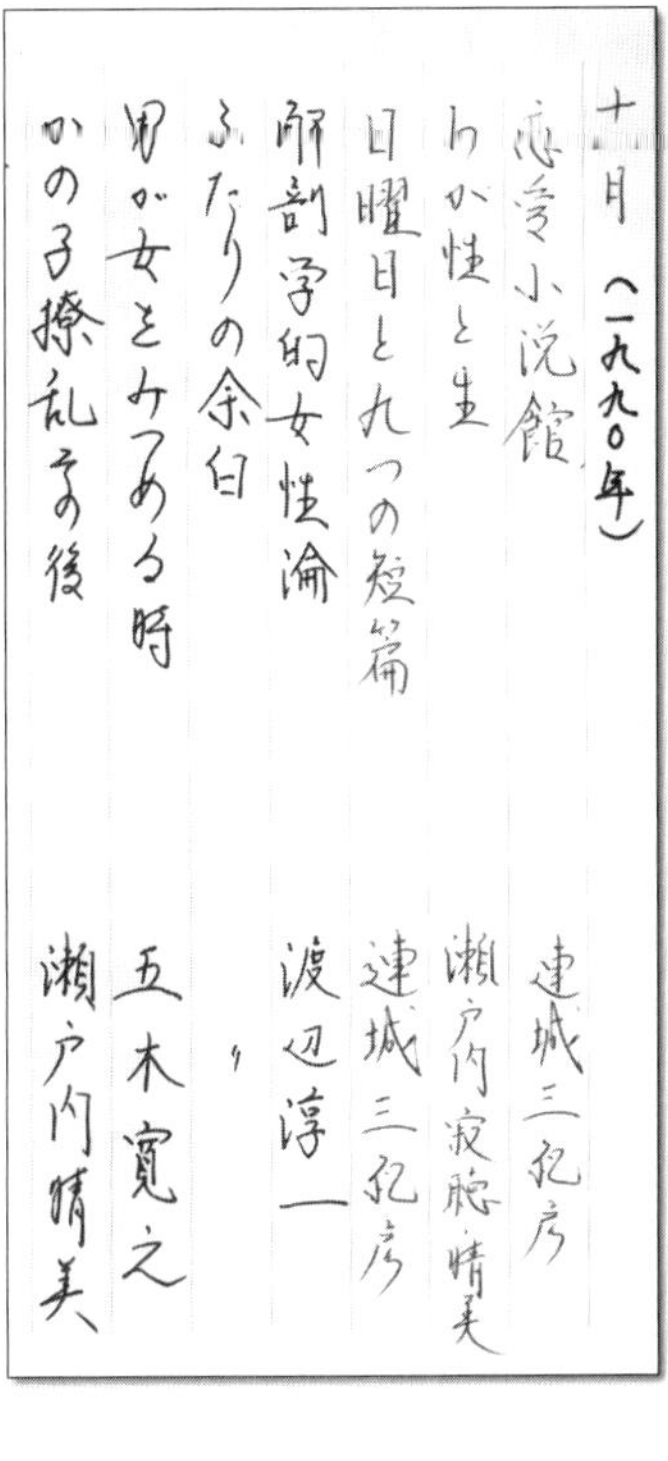

▶36歳。書道科教員免許取得を目指した時期。日本文学も学び、悩みが深まった時期です。文字は中心の通った文字を書いているので、自分の正しさを押し付ける傾向があったと思います。

（骨盤腹膜炎で緊急入院手術、漢字の世界から仮名の世界へ）

38歳。子供達の運動会の前日の深夜、骨盤腹膜炎で緊急入院手術。二週間絶対安静、ドレーンでお腹の膿を出していました。無理を重ねて教員免許を取得したものの、過労が続き、「入院してぐっすり眠りたいなあ」と思ったことが思い通りになってしまいました。この手術が元でお腹がひどく癒着して、その後腸閉塞を繰り返すことになりました。この頃の文字は感受性の豊かな文字を書いています。

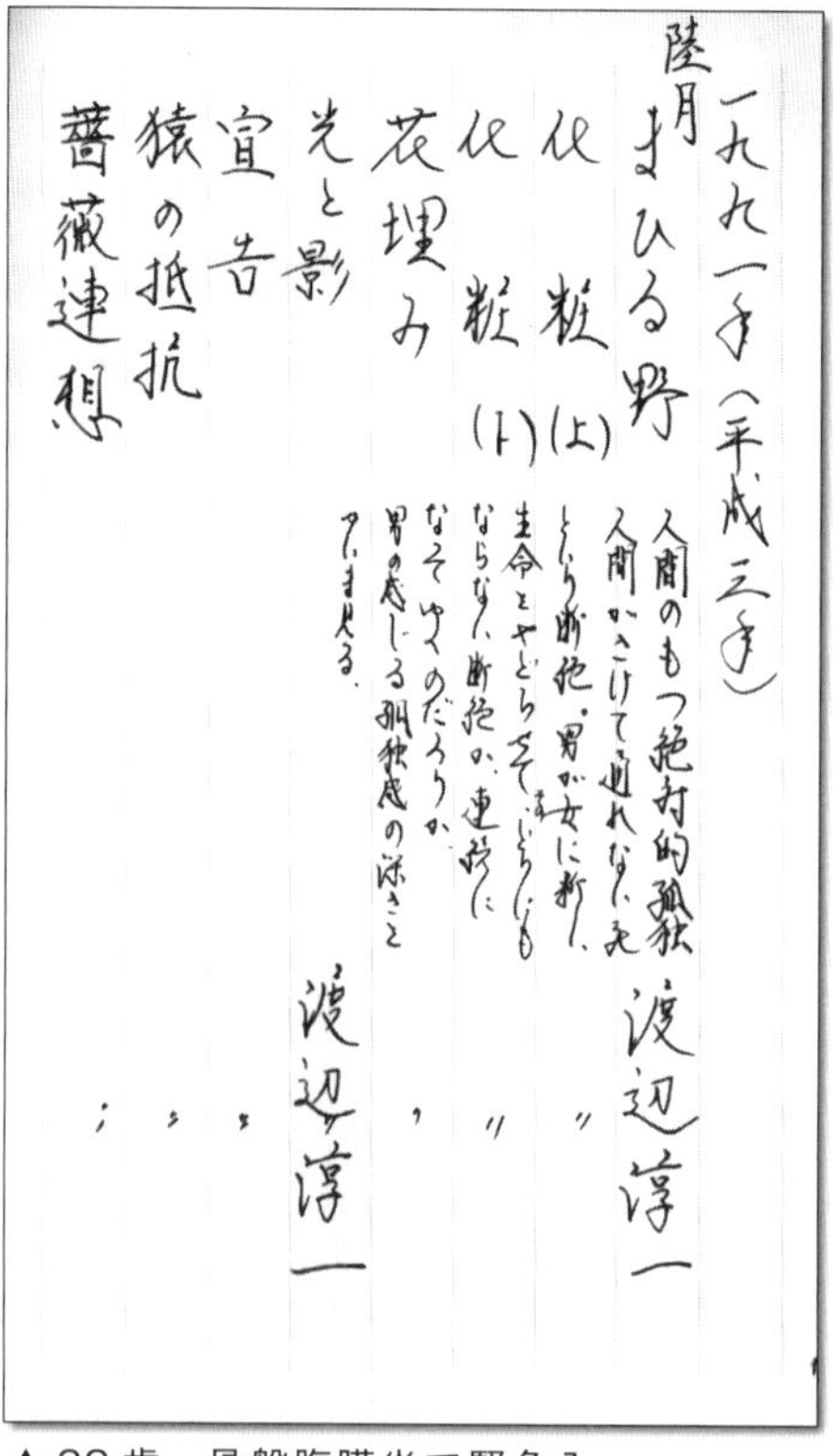
一九九一年（平成三年）睦月
まひる野　渡辺淳一
化粧（上）　〃
化粧（下）　〃
花埋み　〃
光と影　〃
宣告　〃
猿の抵抗　〃
薔薇連想　〃

▲38歳。骨盤腹膜炎で緊急入院手術。この頃の文字は感受性の豊かな文字を書いています。

41歳。1995年に書道の師匠明石春浦先生逝去。7年間喪に伏し、春浦流を研究。自分ではもうにっちもさっちも行かなくなった2001年に、板橋美術館で仮名の高木厚人先生の厳しく澄んだ線に出合いました。そして師事させていただくことになりました。

漢字の世界で育ったわたしにとって、仮名の世界は異文化の世界です。本気で学び仮名の作

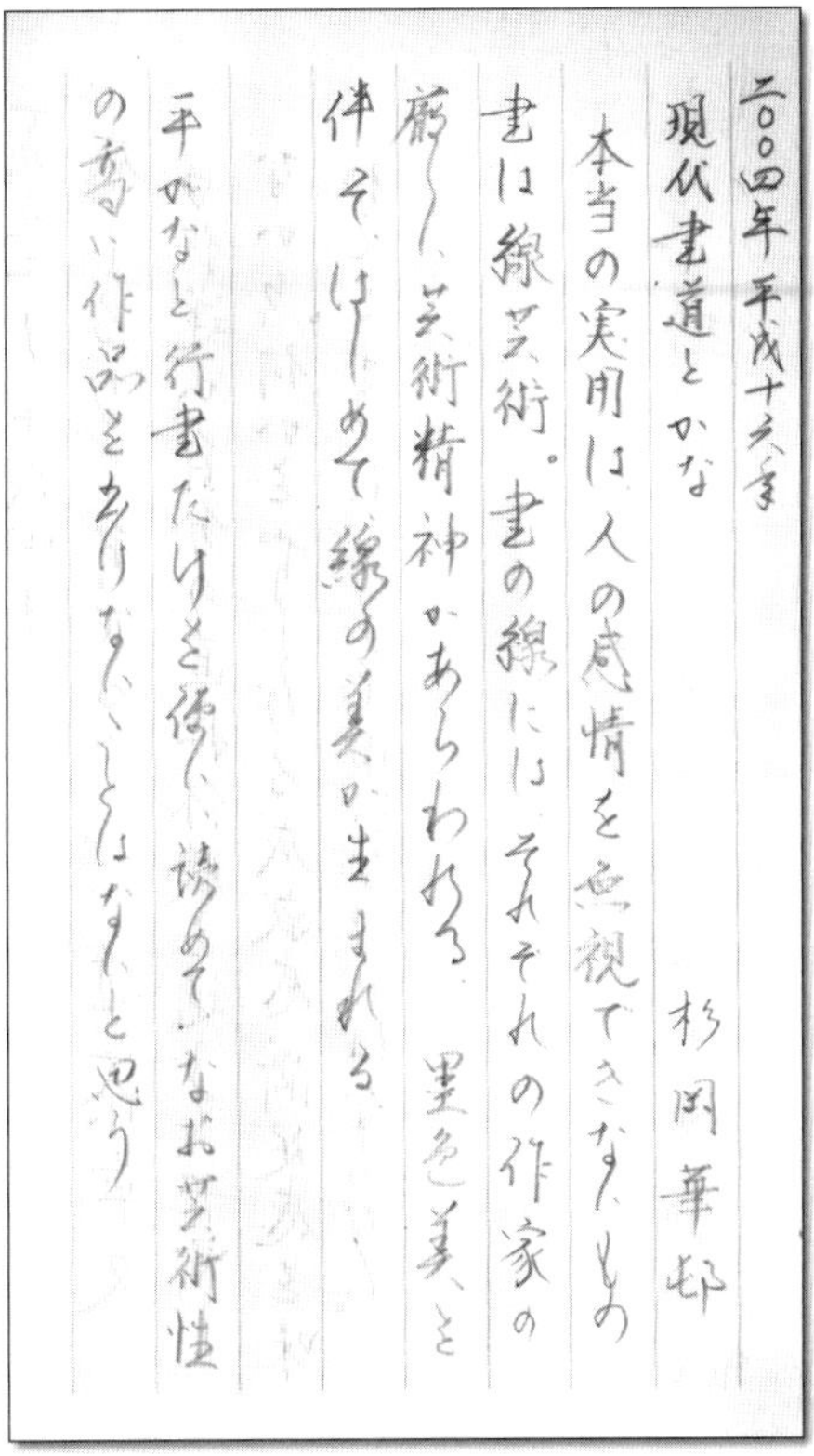

▶47歳。異文化のともいえる「仮名の世界」への挑戦は、常に緊張感が拭えませんでした。当時の文字を見ると、型の中に自分を無理矢理に押し込んでいる苦しさを感じます。

品も書けるようになっていましたが緊張感が拭えませんでした。当時の文字を見ると、型の中に自分を無理矢理に押し込んでいる苦しさを感じます。

　漢字の世界から仮名の世界に移るとき、運命鑑定家の先生に「君は、仮名の世界では潰れてしまう。漢字では弱い。仮名と漢字の間のものをするといい」と言われました。やはりわたしには自由度が高く、しなやかな動きが作れる調和体（詩文書）が向いているのでしょう。ひらがなの気韻を高めるために、これからも高木先生について仮名は学び続けます。

　56歳。２００７年に先天的疾患で心臓手術を受けました。それから心の謎解きが始まり、さまざまなご縁をいただきました。文字は相手に読みやすく、しっかりとしているので、かなり心が安定している時だった

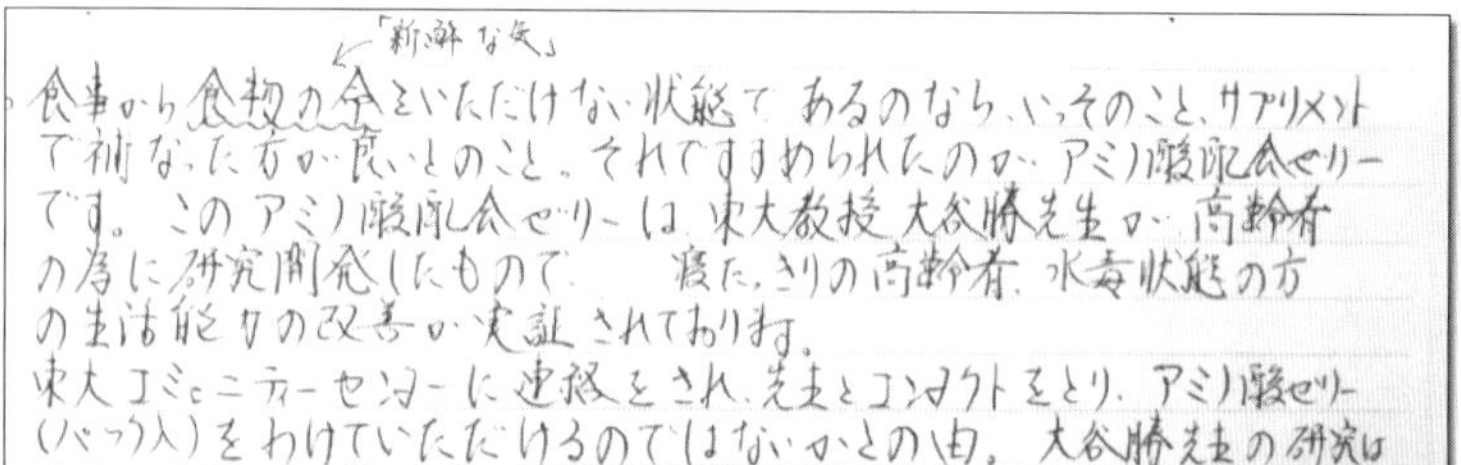

▲56歳。先天的疾患の心臓手術後、心の謎解きが始まります。文字は、文字の中心軸が垂直なので固定観念の強さが見受けられます。

と思います。文字の中心軸が垂直なので、やはり固定観念の強い書き方をしているように見受けられます。

67歳。文字が伸びやかでおおらかになっています。自分の思いのまま、自由に生きている姿が見えるようです。

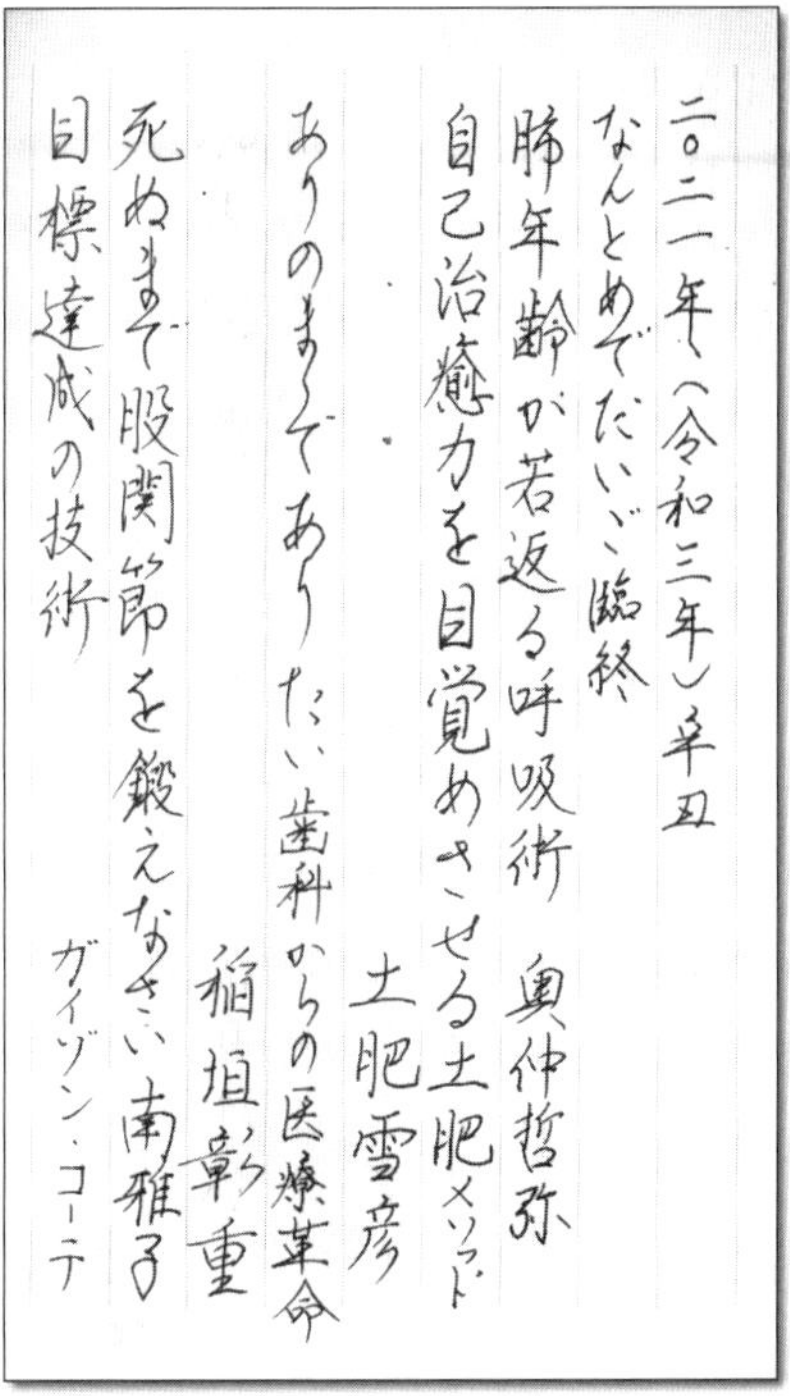
二〇二一年（令和三年）辛丑
なんとめでたい、臨終
肺年齢が若返る呼吸術　奥仲哲弥
自己治癒力を目覚めさせる土肥メソッド　土肥雪彦
ありのままでありたい歯科からの医療革命　稲垣彰重
死ぬまで股関節を鍛えなさい　南雅子
目標達成の技術　ガイゾン・コーテ

▶67歳。文字が伸びやかでおおらか、自分の思いのまま、自由に生きている姿が見えます。

人生死ぬまで成長できることを教えてくれる一枚の絵

わたしの「読書記録」を紹介しましたが、その時々の環境や心の状態により、手書き文字が大きく変化することをご理解いただけたと思います。また、「読書記録」を通して改めて自分自身の人生を振り返ると、両親への感謝の気持ちが湧き起こります。少しだけ、わたしの両親のことやわたしの人生の振り返り、そして「一枚の絵」のお話をさせてください。

父の分け隔てのない生き方は大好きでしたが、何を隠そう、わたしは結婚するまで母のことが嫌いでした。わたしの小さい頃、母はいつもイライラと怒っていて、母といると落ち着きませんでした。だから毎日隣の祖母の家に行ったり、裏の祖母の遠縁のおばさんのところに遊びに行っていました。

あの頃の母は、東大至上主義の小姑との関係で、出身校を馬鹿にされ、いつも心が波立っていたのです。父は兄弟姉妹が八人、父達はとても仲の良い家族でした。

そこに家も育ちも違うわたしの母がいるのです。母はお嬢さん育ちで、かなりの家風の違いに戸惑いがありました。

家父長的な人間関係が色濃く残り、家系に重きが置かれる時代です。同じ敷地や近くに何家族も親族が暮らしていたので、良い面や辛い面があるのは当たり前でした。特に後から一族に加わる立場の母にとっては辛い面が多かったと思います。

中高大学時代のわたしは、コンプレックスの裏返しの母の虚栄心を見るのが嫌で、嫌悪していました。重い病気になり2年も休職した父や、娘ざかりの娘三人に対してどれだけ深い愛情や情熱を注いで家族を守ってきたか、母の本当の姿が見えていなかったのです。

母は、娘三人に手作りの普段着やおしゃれな服をいつも作ってくれました。朝6時に出かける運動部のわたしには、早朝に起きてお弁当を三食持たせてくれました。食の細い父にもいつもお弁当を作っていました。それが本当はとても大変なことなのに、当時のわたしはそれが当たり前のように感じて、母を労ったり、感謝の言葉すら伝えていませんでした。

また、母に本音を語ったこともありませんでした。わたしは、恨みつらみ、悲しく辛い経験などのマイナスの感情エネルギーを自分の心の奥底に押し込めていました。何か話すと曲解されたり、大騒ぎになるのが嫌だったからです。

そして、わたしの潜在意識に押し込めたマイナスの感情エネルギーは、破談・肺炎・失職という形で、わたし自身を打ちのめしたばかりか、父や母にも復讐をしました。これがいわゆる「潜在意識の復讐」です。

これは自分の人生がこれから飛躍しようとするときに起こるのです。父や母は、落胆しボロボロになって寝込みました。わたしはその姿を見て、初めて申し訳ない気持ちでいっぱいになりました。けれども、その言葉を伝えることすらできませんでした。そこまで自分が打ちのめされて、自己肯定感を失い、自分が生きているのが精一杯で前を向くことができなかったからです。

そんなわたしを見て、「何かできることからしたらいい」と背中を押してくれたのが母でした。父もわたしが失業した時に「失業保険を自分が生きていくために何かを身につけるために使ったらいい」とアドバイスしてくれました。そ

▼奇跡的に発見された母の描いた日本画「春を待つ」

れで自分が大好きだった書道と料理を一から学び直し、書道の教員免許と料理の師範の資格を取ろうと決めたのです。

その頃、母は一心不乱にこの画を描き、日春展で初入選を果たしました。題名は「春を待つ」。わたしは自分の心の暗さと正反対なこの画の色調の明るさに戸惑ったのを覚えています。その時わたしは、この日本画から母の気持ちを汲み取ることができなかったのです。そして、いつしかこの画の存在を忘れてしまいました。

それから40年近い歳月が流れ、この日本画を実家の小屋の奥から助け出したのは２０２０年の春のことでした。母が描いた画は、ほとんどを我が家に運んでいたのですが、この一点だけがどうしても見つからなかったのです。母が帰天し、母の遺言で実家を取り壊すことになっていた日の未明のことです。明け方、夢にこの画が出てきて小屋にあると告げました。朝一で解体業者に連絡して解体を待っていただき、小屋の中を探しました。すると布に包まれたこの画が出てきたのです。そして、そのまま我が家に連れ帰りました。

包みを解いてこの画をみた瞬間、あふれ出る涙をどうすることもできませんでした。この画は、娘を信じて暖かい春が来ることを確信していた母の想いが込められた、紛れもなく母のわたしへの応援歌だったのです。

母は、優しい、しなやかな本当の気持ちを言葉で表現するのが極めて下手でした。その気持ちを画で表現していたのです。わたしが今、こうしてあるのは母のお陰です。還暦から35年間、母は一人で自分を高めるために日本画を描き続けてきました。人は死ぬまで成長し続ける存在であることを身をもって教えてくれたのです。父そして母の存在にわたしは今、心から感謝しています。

魔法の言葉❺

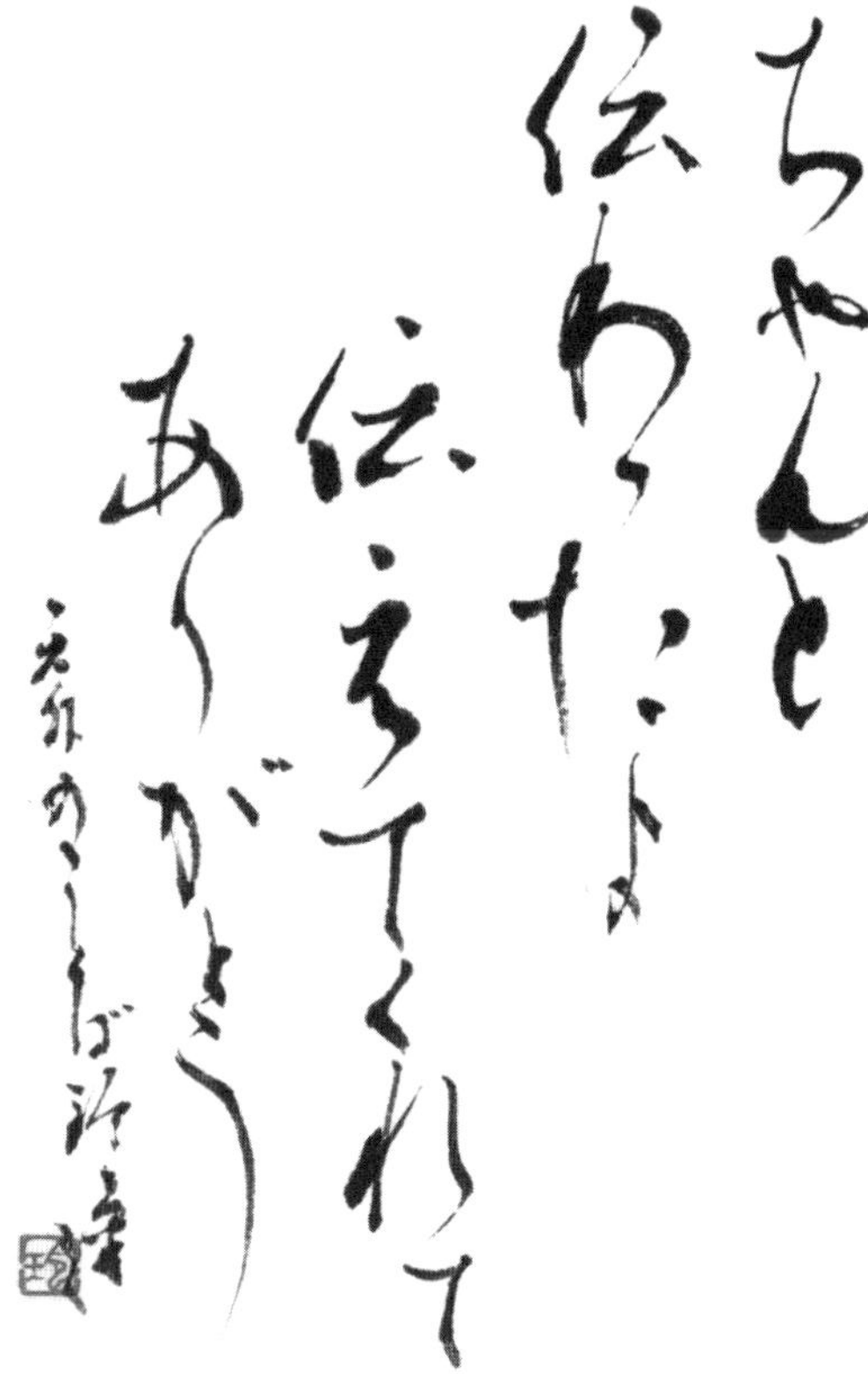

魔法の言葉❺

――ちゃんと伝わったよ　伝えてくれてありがとう

この言語は自己対話して、瞬時に心のお掃除をする時にとても役に立ちます。

例えば、こんな感じです。「今日、○○さんに『君はいつも僕の思い通りに動かず迷惑をかけている』と人前で決めつけられた。泣きたくなるくらい不愉快だった」と自分に伝えます。もう一人の自分が「ちゃんと伝わったよ、伝えてくれてありがとう」と応えます。

こうやって語り合うのです。すると暗示がはずせて嫌だったマイナスの感情をお掃除することができます。嫌なことはすぐに処理して、心に溜め込まないことです。人に愚痴を言ってもその時はスッキリしたと思っても、心に残った暗示・ネガティブな感情は消えません。自分自身で語り合い、自己解放していきましょう。

魔法の言葉は「量子言語」と言って脳の神経回路を換える言葉です。

第6章 グラフォロジーコーチングへの期待

今までに1700人以上の方々のグラフォロジーコーチングをさせていただきました。セッションを終えて、お寄せいただいたクライアントの皆様からの感想を紹介させてください。ほんの一部の方ですが、改めて感謝いたします。

♥他人に振り回されずに、主人公はわたし

心の中に凝り固まっていた感情を見ないふりして、ずーっとずーっと蓋をしていました。それは辛く、悲しく、淋しく、怒りであったり、涙することでした。それを一つひとつ尊重してあげることが、とても大切だと痛感しました。

21日間のワークを始めた頃は、思い出すのが嫌でした。認めたくなかったのです。ずっとずっと自分に厳しかったこと、優しくして欲しかったこと、認めて欲しかったこと、誰よりも自分自身が自分にしてあげましょう。自分のことを一番に優先して甘えさせて大切にして、自分をいっぱい、いっぱい褒めましょう。他人に振り回されずに、主人公はわたし。わたしはわたしを信じましょう。

そんなことが明確になったワークでした。ワークの中の飯田先生のメッセージがとても励みになり、うれしかったです。何よりも飯田先生の美しい笑顔に癒されました。わたしもそんな素敵な女性になります。(40代女性)

マイナスの感情やイメージを大きく減らすことができました

どうしたらいいのかわからない不安と恐怖から動けない日々を送っていました。何をするにも不安と恐怖が先行し、行動がストップするという日々です。そんな中、以前、飯田さんからの簡単なアドバイスが的確で、ちょっとだけ心が軽くなっていたので、ここで思い切って自分の心と向き合って問題を解決したいとセッションをお願いしました。

コロナウィルスの時期と重なったため、直接お会いして指導していただくことはできずzoomという形になってしまいましたが、初めてのセッションからずっと心の中にあったマイナスの感情やイメージを大きく減らすことができ、心が軽くなって見えるものが変わったのは感動でした。

嫁さんが大きく雰囲気が変わったと、ものすごく驚いて喜んでくれています。まだまだ、これからも心に関しては、しっかり取り組んで行かなくてはなりませんが、しっかりと続けていきます。（50代男性）

自分が消してきたつもりの記憶もちゃんと感情が残っている

このお話（セッション）がきた頃、わたしは自分はこのままではいけない、変わりたいと思い、いろんなことに目を向けていました。

実際に受けてみて、わたしが今までうまくいかなかったのは自分が過去を引きずっていたから、自分の中ではなかったことになっていたことも、実はすごく影響を与えていたことに驚きました。ちゃんと自分と向き合い、気持ちを整えることで前に進める―簡単なようで難しいことです。わたしは今まで自分の気持ちを知りながら、見て見ぬ振りをしていました。向き合うことをせず、消していました。このグラフォロジーコーチングを受けて、自分が消してきたつもりの記憶もちゃんと感情が残っていて、消せていなかったことに気づきました。

消すのではなくて、しっかりと向き合い、この気持ちを尊重すること。これからは「日々感謝の気持ち」を持ち前に進んで行きます。(30代女性)

♥心が本当に軽くなりエネルギーの変換が起こった

今まで、心に向き合って自分なりに認め、癒やしてきたつもりでしたが、今回のセッションのおかげで、まだまだ奥深い部分の小さな自分に気づいてあげることができました。

この21日間は、丁寧に見逃さないように自分を見てあげられました。そうすることで、今までは大きな感情の出来事は意識していても、小さな感情はスルーしていたことに気がつくことができました。小さな感情を注意深くみると、全てが繋がっていました。21日間を終えて、心が本当に軽くなり、エネルギーの変換が起こったと実感しています。

感情の変換は、これからもたぶんずっと

続くんだろうなと思いますが、秘法？を教えてもらったので、受け取る強さも得たと思います。（50代女性）

♥手書きの名前でそこまで判る！感動！

わたしの手書きの名前の大きさや癖で、わたしと親との関係が細々と分かってしまったことに驚きしかありませんでした。父との関係、母との関係が、手書き文字だけで見破られてしまった感は言葉になりませんでした。

脳科学で、判明できると教えていただき、字は手で書くものだと認識していたので、脳がそうさせているなど考えたこともなく不思議でした。また、「字の大きさ・幅、傾きなどを変えるだけで、その関係性も変わる」と教えていただきました。

不思議なグラフォロジーのお名前コーチング。自分の思考、無意識が分かり、「そこにどう向き合っていくか？変えていけるか？」で、さらに自分と向き合い、なりたい自分になる―一人では回り道してしまいそうだけど、早くゴールに到達できます！お名前コーチング、お薦めします。（50代女性）

♥脳にある潜在意識、思考、感情は手に伝わり文字に現れる

セッションありがとうございました！文字だけでかなりの個人情報を盗まれてしまいました！（笑）

脳にある潜在意識、思考、感情は手に伝わり文字に現れてくるということを教わり

ました。また、自分の性格や思考の癖などを言い当てられたことも驚きでしたが、さらに母親との関係についても見破られ驚きました。

今の自分の弱点や悪いところは、文字の書き方を意識して換えることにより改善されることも教わりましたので、これからは意識して換えていこうと思います。

自分は、自分に自信を持てない性格ですが、今回の診断で先生に「トータル的に優れた素晴らしいパワーを持っているので大丈夫！」と言っていただいたので、これからはもっと自信をもって、どんどん行動していきたいと思います。（30代男性）

♥文字を整えることで心も人との関係も整える

文字を通して様々なことと向き合い、そして文字を整えることで心も人との関係も整えることができました。本来の自分は細かい分析や洞察力があるとおっしゃってくださいました。

わたし自身は表に出るのがあまり好きでなく、縁の下の力持ちが好きなのですが、それに今でも自信が全くなく、自己否定が多かったのです（母から誉められた事が無かったことが起因……）。飯田先生より、自ら動くよりも回りの方々に協力していただく方が、何事も上手く行くとアドバイスを受けました。

相方と出逢い、事業を始めましたが、昨年の夢である全国行脚の旅が今年になり、次々と具現化しています。皆さんのお役に立てる事をすることで、皆さんがよくなる、それにより自身の事業展開が拡大して行っています。

わたしもお役に立てる、ちょっぴりずつ、自信が持てるようになりました。飯田先生のコーチングのお蔭です。ありがとうございます。（50代男性）

♥言葉や文字には力がある

グラフォロジー・お名前コーチングを受けさせていただいて有難うございました。文字の書き方だけで、親との関係性・自分の性格等々がわかるということが驚きでした!!

そして、玲菊さんに教えていただいたことに注意して文字を書くだけで、自分を整えていけるということに、とても希望を感じました。３週間後が楽しみです。

長い年月の間、書道の研鑽を積んでいらっしゃる玲菊さんだからこそ、この講座ですね。玲菊さんの美しい文字を見るだけでも価値はありますが、「言葉や文字には力がある」ということにたくさんの方が気づかれて、良くなって行かれるといいなぁと思います。オススメの講座です。（50代女性）

♥たかが文字、されど文字！

グラフォロジー診断で、文字を飯田先生に見ていただくというのはとても不思議で、ある意味神秘的な体験でした。毎日触れる自分の文字から出る情報がこんなにもあるなんて！自分の過去や思考の癖を紐解いていただき、それと向き合うことができました。

最初にご指摘をいただいた時は正直、苦しくて見たくない事実もありました。でも、自分自身の手から、そして脳から出ている信号を客観的に知ることによって、自分を知り、日々の人と自分との向き合い方が変わりました。

どす黒く溜まっていた心のわだかまりを認め、向き合い、文字を整えることで心も整える―そうすることで、両親と主人と子供達と、そして自分との関係が少しずつ整っていったのです。

グラフォロジーと飯田先生に出会っていなければ子供達の心の乱れに気がつかず、主人との関係も悪化し、離婚という手段を取っていたかもしれません。ずっと背中を向けて来た母との関係も、自分自身の緊張が取れて、少しずつ前に進んでいます。

今は、憑き物が取れたようにスッキリして、日々忙しいながらもリラックスして過ごしているのを感じます。たかが文字、されど文字！（50代女性）

♥全て自分が決めたこと、それを認めまだ間に合う道筋をつける

過去の自分に向き合わず、わかったふりをして放置していた事を理解しました。

まず、辛い思いをした自分を認める事ですね。恐らくバスケ部のくだりは、自分で決めた事なのに、他人事のように、自分ではない何かのせいにしていたのです。

「なんとかなる」というこの言葉が曲者でした。「なんとかなる」ではなくて、「なんとかする」と言った方がより適切だったた

ことに気づかされました。一文字違いですが、受動的か自動的かで全く正反対です。「なんとかなる」は、「なんとかする」の副産物としてならば良いですが、最初から「なんとかなる」ありきではいけませんね。

全て自分が決めたこと、それを認め、まだ間に合う道筋をつける—それが「なんとかする」と言うことだと、大きな気づきを得た一日でした。(50代男性)

自分のことは自分で守ろうという気づき

知人の紹介で、飯田先生のグラフォロジーコーチングでトラウマ外しを体験させていただきました。

半月前のあの時は、余分なところにエネルギーを使い、ヘトヘトになっていた状態のわたしです。先生に言われた通り進んでいくと、忘れていた様々な事柄を思い出してきました。

胸をトントンしているうちに、悲しかったり怖かったりした昔の出来事に、別の色のフィルターがのせられて、柔らかな記憶に塗り替えられていくイメージで、ふわりふわりと力が抜けて、帰る頃には妙にテンションが上がっている自分がいて面白かったです。

名前の手本もいただきましたので、今はサインをするたびに思い出しながら、丁寧にサインをするようになっています。

これは「自分を大切にすることの一歩かな」と少し時間の経った今は思えています。自分のことは自分で守ろうと思っています。大切な気づきをいただき、とても感謝しております。(50代女性)

♥自分の本質がわかり悩みがスーッと消える

グラフォロジーコーチングを受けてびっくりしました。今までずっと自分の性格のダメなところでモヤモヤしていた部分、考え方がガラリと変わったんです。そっか！　そうだったんだ！　と認めることができてスッキリ！　我が強かったわたしですが、相手に少し穏やかに接することができるようになりました。

脳の使い方で人にはRタイプ・Lタイプがあるということと、自分の本来の強みを知れて、人との関わり方や自分の本質がわかり、悩みがスーッと消えていきました。

また、字の書き方を換えただけでなんだか気持ちが前向きになってきて、「ただ書き方を換えるだけでこんなにもパワーが出てくるんだ」とびっくり。そして、飯田さんの教え方がとても上手だったのと、親身にお話を聞いてくださったので、とても安心して受けることができました！（50代男性）

♥感情を尊重することの大切さを体感

聞いたことのある言葉。頭では理解していたはずの言葉。過去の出来事が自分を作り上げている事実―この事実と向かい合い、受け入れることから始まるということを体験しました。

自分では完了していたと思っていた父親との関係もこれで完全にクリアになりました。感情そのものに良い悪いはなく、その感情を尊重することの大切さを体で感じ取りました。

僕のこの先の人生は明るい未来しかない

ので、何も心配しないし、楽しみしかありません。なんの気兼ねもなく、はっきり言える自分になりました。（30代男性）

♥子供の頃からの呪縛から解放

グラフォロジー・お名前コーチング、ありがとうございました。書き方だけで良い方向に変わる凄さを体験し、楽しく、そして勉強になりました。

自分では意識していなかった、まだ知らない自分を知りました。小さい頃のことが元になり、押し殺していた部分だったのでしょうか？　これからはその辺を意識して取り組んでいこうと思います。

子供の頃からの呪縛からこんなに簡単に解放されるなんて、ありがとうございました。とても楽になりました。（30代男性）

♥グラフォロジーコーチングのバグ消しの取り組みは必須

グラフォロジー素晴らしいです。その論理は学説的な根拠に基づき、かつ普遍的であること。人は生まれこの世に出てから様々な経験をして年齢を重ねます。その中でも中学生までに受けた「負のエネルギー（バグ）」は意識して取り組まないと細胞レベルで無意識に蓋を閉じた記憶として残ります。これは将来にわたって、その人の自律神経に悪影響を及ぼすのです。

自分の行動が間違った方向に進まないために、そして皆さんと共にまっすぐ進むために、このグラフォロジーコーチングのバグ消しの取り組みは必須であると感じました。

人はとにかく新しいことに臆病です。こ

れを自覚し、今後の活動に結びつけることが重要だと思います。(30代男性)

♥量子言語や文字の書き換えで脳を書き換える

好きな音楽の道を歩んでいても心が満たされず、理由が分からないまま立ち止まってしまうことがあります。グラフォロジー診断を受けて、変えようとしても変えられない臆病な自分に苦しんでいたことに気づくことができました。

子供の時の我慢して押し殺してきた感情が、自分にブレーキをかけて失速させていたとは驚きでした。原因を見つけ出し向き合い方を学ぶことで、心が軽くなり、真っ直ぐに進みたい道を歩む自分が見えてきました。

量子言語を声に出して言ったり、文字を書き換えることで脳の書き換えができてしまうなんて本当にスゴイです。科学的な知識に驚いて納得し、ご自身の体験から語られる力強い言葉に確信が生まれ、あたたかな笑顔が背中を押してくれました。

お手本で書いてくださった美しい文字が〝もう臆病にならなくてもいいのよ〟と語りかけてくれます。飯田先生のグラフォロジーセッションに出会えて心から感謝。素晴らしいです。多くの人に出合ってほしいと願っています。(30代女性)

魔法の言葉❻

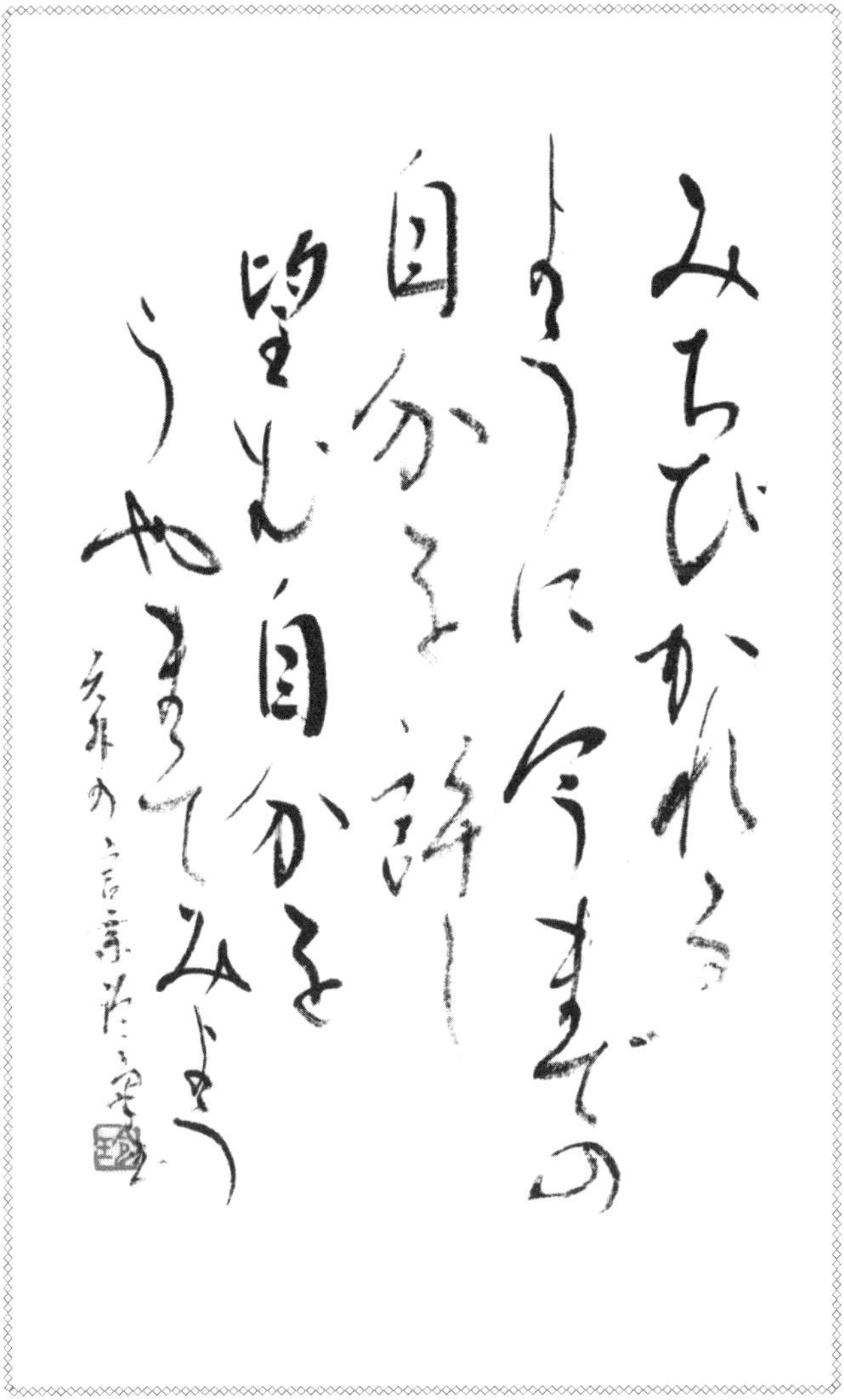
みちびかれる
ように今までの
自分を許し
望む自分を
うやまってみよう

魔法の言葉❻——導かれるように、今までの自分を許し、望む自分を敬ってみよう

　宇宙は無限に螺旋回転し、連鎖調和している「創造意思エネルギー」です。無限に生み出す螺旋回転や連鎖調和は、無限循環の輪を形成しています。この無限循環の輪こそ「導き」という叡智を生み出す源なのです。その源から生み出された「生命」を生かし続ける役割が、「真我の本質」であり、「真我の支え」なのです。「導きと支え」によって生命は無限の樹形図を拡張しています。この拡張意識は、人体内の自己意識と連鎖していて、幸福感の質の向上を促しています。この幸福の質の向上に、「自己受容の精神」と「他者受容の意識」が融合してワンネスになるのです。

　自分を愛する（許し、敬い、信じる、「信頼する」）こと、すなわちこれが自己受容です。また、みんなのいる世界を愛する（許し、敬い、信じる「信頼する」）ことが、真の他者受容なのです。信じるとは、自分の心の望みを明らかにし、導いて行くこと。許すとは、過去の物事のプロセスを、理想のプロセスにずらす事で、自己や他者を自由に開放すること。敬うとは、自分の気付かない状態を自覚させてくれることに感謝すること。そして信頼するとは、望む未来を期待し応援する意味なのです。許し、敬い、信じ信頼する事で、空《くう》の流れを身体腔で受容されるのです。

　身体内のファシアという繊維構造体は、人体最大の器官であり、全ての生命器官を円滑に作動させるために、「膨らみと広がり」を作り出す役目なのです。この身体腔であるファシアが収縮すると、過去の経験や誤認知をベースとした心の反応が優先されます。この時、意識は拡張されず、習慣的意識の繰り返し作用が起こるのです。身体内の腔を広げるために、ファシアをずらし拡張することで、意識は拡張性を持ち、空の無限データとの繋がりが円滑化され、新たな希望ある意識が生み出されるのです。「導かれるように、今までの自分を許し、望む未来を敬ってみよう」は空と腔の繋がりの言語なのです。

（藏本天外先生２０２０年９月指針より）

あとがき

ここまでお読みくださった読者の皆様、お付き合いくださってありがとうございました。

人生はドラマ、まさにです。巨星墜つ。この本の第3校正を出し終えてほっとしたのも束の間、師匠・孤高の脳科学者、藏本天外先生の訃報が届きました。先生はこの本の監修をしてくださると言われていたのに、それも叶わなくなりました。先生のお陰で、脳と心と体のメカニズムを学び、自身のトラウマの多くも解除することができました。この場を借りて、9年にわたる先生からの学び、ご指導に心から感謝申し上げます。

また、天外先生に出会うきっかけを作ってくださり、本書の帯の推薦文をお書きいただいた望月俊孝先生に心から感謝申し上げます。

継承したこのグラフォロジーの法則を、この本を通じ、共に先生の元で学んできた多くの受講生の皆さんにシェアいたします。また天外先生との音信が途切れた中、さまざまなアドバイスをくださった広島大学名誉教授・土肥雪彦先生とのご縁に心から感謝いたします。

手書きの文字は、今一瞬の書き手の心模様です。けれど呼吸が変わると次の瞬間には変化していることもあります。一般的には、相手だけでなく自分をまで固定化して決めつけてみる傾向が強いです。しかし、人間はみな変化し続ける存在なので、文字をみてその人の性格を決めつけることはできません。決めつけられていい気分でいられる人はいないでしょう。

人生をより良くしていくのは、言葉の力が大きいです。頭の中で繰り返される繰り言も、表情や態度も無言の言葉です。言葉はある時は人の可能性を引き出し、その人を最大限に活かすことができます。その一方で、ある時は人を死に追いやることもできます。言葉は諸刃の剣なのです。

おそらく生きていく上で、一番辛いのが人格を否定されることでしょう。7年間グラフォロジーコーチングを続けてきて、人格否定されて育ってきた多くのクライアントさん達に出会いました。自己否定感が強く、自分が存在する価値がないと思い込んでいました。親・教師・親族、果ては上司・先輩・仲間達から人格を否定をされ続けていたからです。そして相手の人格を否定する人もまた、人格を否定されて育ったのに違いありません。脳は知らないことを表現できないからです。

　人生の自由度を高めるために、トラウマは解除するに越したことはありません。皆さん、忘れないでください。人によってすり込まれた自分の心を制限する思い込み＝トラウマは、その存在に気づけば自分で外すことができます。本書の中に、手書きの言葉（魔法の言葉）を挟みました。辛い時、心にフィットする言葉を口に出して言ってみてください。何度も何度も繰り返しているうちに、きっと心が柔らぐのを感じることでしょう。わたしは出会った人の心を整え日本人を元気にして、日本の再生をめざしていきます。本書から、自分で自分の心を整える術をゲットしてくださったら仕合せです。

　最後になりますが、本書の出版のきっかけを作っていただいたひらまつたかお先生、平成出版の須田社長と編集部の皆様、そして本書の編集・制作にご協力、ご支援くださった多くのクライアントの皆様、日本グラフォロジーコーチング協会の皆様に心から感謝申し上げます。ありがとうございました。

令和3年11月吉日　日本グラフォロジーコーチング協会®会長

飯田 玲菊（由美）

【日本グラフォロジーコーチング協会® 認定コーチ】

飯田 玲菊

青野 千春

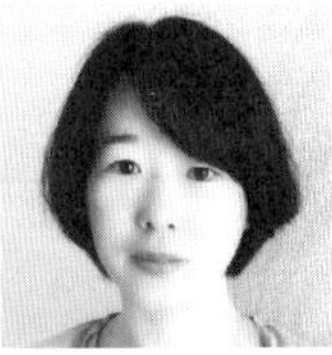

浜口 有記

今野 しのぶ

田中 悠美子

土橋 朱里

丹保 綾乃

朝枝 美紀

小野寺 美昭

長野 栞

清水 龍（システム担当）

【参考文献】

○「あなたを覚醒させるメンタルメンテナンス」
藏本 天外 著（実業之日本社）
○「筆跡鑑定入門」魚住 和晃 著（芸術新聞社）
○「ホントの性格が筆跡でわかる」森岡 恒船 著（旬報社）
○「新筆跡鑑定」根本 寛 著（三和書籍）
○「ザ・マジック」ロンダ・バーン 著（角川書店）
○「可能性科学大学校（現・PLT 学院）講義録」
○「共鳴同化法（ASI）講義録」
○「1700 人の方の検証記録」
○「藏本天外グラフォロジー講座講義録、DVD3 本」
○「メンタリスト検定２級グラフォロジーテキスト」
○「究極の癌治療」横内 正典 著（たま出版）
○「胎内記憶が教えてくれた この世に生まれてきた大切な理由」
池川 明 著（青春出版社）
○「Vips のセッション資料、DVD」
○「なぜ、『これ』は健康にいいのか？」小林 弘幸 著（サンマーク出版）
○「自己治癒力を目覚めさせる土肥メソッド」土肥 雪彦 著（南々社）

【連絡先・QR コード一覧】

日本グラフォロジー
コーチング協会® HP

フェイスブック

Amazon
著者ページ

LINE あらゆるものは
固定されない

心理診断プログラム
（メールアドレス入力経由）

平成出版 について

本書を発行した平成出版は、基本的な出版ポリシーとして、自分の主張を知ってもらいたい人々、世の中の新しい動きに注目する人々、起業家や新ジャンルに挑戦する経営者、専門家、クリエイターの皆さまの味方でありたいと願っています。

代表・須田早は、あらゆる出版に関する職務（編集、営業、広告、総務、財務、印刷管理、経営、ライター、フリー編集者、カメラマン、プロデューサーなど）を経験してきました。そして、従来の出版の殻を打ち破ることが、未来の日本の繁栄につながると信じています。

志のある人を、広く世の中に知らしめるように、商業出版として新しい出版方式を実践しつつ「読者が求める本」を提供していきます。出版について、知りたいことや分からないことがありましたら、お気軽にメールをお寄せください。


book@syuppan.jp 平成出版 編集部一同

ISBN978-4-434-29683-3 C0011

グラフォロジーで心の謎を解く

令和3年（2021）11月18日 第1刷発行

著　者　**飯田 玲菊**（いいだ・れいぎく）

発行人　須田 早

発　行　**平成出版** 株式会社

〒104-0061 東京都中央区銀座7丁目13番5号
ＮＲＥＧ銀座ビル１階
経営サポート部／東京都港区赤坂8丁目
TEL 03-3408-8300　FAX 03-3746-1588
平成出版ホームページ https://syuppan.jp
メール : book@syuppan.jp

発　売　株式会社 星雲社（共同出版社・流通責任出版社）
〒112-0005 東京都文京区水道1-3-30
TEL 03-3868-3275　FAX 03-3868-6588

企画協力／ひらまつたかお
編集協力／安田京祐、大井恵次
本文イラスト・挿絵／なっきー。
制作協力・本文 DTP ／ P デザイン・オフィス
印刷／㈱ ウイル・コーポレーション